做最好的我

原创校园剧创演纪实

马万成　主编

ZUO

ZUIHAO DE

WO

北京师范大学出版集团
BEIJING NORMAL UNIVERSITY PUBLISHING GROUP
北京师范大学出版社

图书在版编目(CIP)数据

做最好的我:原创校园剧创演纪实 / 马万成主编 . —北京:
北京师范大学出版社,2021.3
ISBN 978-7-303-26791-0

Ⅰ.①做… Ⅱ.①马… Ⅲ.①小学教育—教学研究
Ⅳ.①G622.0

中国版本图书馆 CIP 数据核字(2021)第 037188 号

营 销 中 心 电 话 010-58802135 010-58802786
北师大出版社教师教育分社微信公众号 京师教师教育

ZUO ZUIHAO DE WO YUANCHUANG XIAOYUANJU CHUANG YAN JISHI
出版发行:北京师范大学出版社 www.bnupg.com
　　　　　北京市西城区新街口外大街 12-3 号
　　　　　邮政编码:100088
印　　刷:北京京师印务有限公司
经　　销:全国新华书店
开　　本:710mm×1000mm　1/16
印　　张:7.5
字　　数:111 千字
版　　次:2021 年 3 月第 1 版
印　　次:2021 年 3 月第 1 次印刷
定　　价:38.00 元

策划编辑:冯谦益　　　　　　　责任编辑:郭　放
美术编辑:李向昕　　　　　　　装帧设计:李向昕
责任校对:丁念慈　　　　　　　责任印制:马　洁
封面插图:蔡睿涵

本书编委会

主　编：马万成

副主编：王　晶　窦丽娜　徐　威　丁国强

编　委：李　敏　关　越　于　昊　吴梦璐　陈　坤

序　做最好的我

三天六场，现场观众累计六千余人，网上直播浏览量破万——这是一所小学原创校园剧创下的纪录。

历时一年半，原创剧本，师生本色出演，尽现学校十余年的办学探索与改革奋进，浓缩百年教育发展历程——这是一所小学对教育的深刻领悟与深情热爱。

砥砺前行，前路漫漫，不忘初心——这是一所小学"向着目标永不停歇，遇到困难锲而不舍"的涅槃历程。

2019年"六一"儿童节前夕，海淀区民族小学的原创校园剧《做最好的我》成功上演。上演的那三天，是民族小学全体师生家长的"狂欢日"。那时那景，台上台下融为一体，台上演着台下的人和事，台下延续着台上的鲜活与激情。这所历经百年沧桑的老校，那时那刻，犹如一颗映照出太阳万千光芒的水滴，浓缩着这个时代发展的起起落落，浓缩着几代人为了学校的发展披荆斩棘、无私奉献的往事。

民族小学是一所有故事的学校。自1890年先辈们创办"回民义学"开始，一代又一代教育人的坚持与坚守，积淀了这所学校的百年底蕴。2003年，学校发展处于最低谷，挣扎在存亡边缘。我到任学校后，与干部教师一起，在各级领导的大力支持和各界人士的帮助之下，历尽艰辛，奋发图强，使这所老校焕发出新的生机，成长为一所新的优质学校。

回顾这十余年的变革与发展，我深深地感受到，一所学校的成长与发展，承载了太多教育人的志向抱负、奋斗拼搏、以及悲欢离合。因此，我们想通过创作一部校园剧，不仅仅再现一所学校的发展历程，记录历史传承精神，更希望通过这部剧的呈现，让大家真正理解教育的真谛，架起学校、社会和家庭的桥梁，实现彼此思想上的共鸣；也希望通过这部剧，能够向社会大众展现教育工作者对教育事业的情怀、热爱与不懈追求，获得理解、尊重与支持，从而构建教育发展的深厚根基。

整部校园剧将时间线定格在 2003 年至 2018 年十余年的发展进程中。漫漫历史长河，十余年的时间片段微不足道，但十余年的艰苦奋斗让学校翻天覆地换新颜，却是浓重的一笔，意义非凡。十余年的时间，残破的庙宇平房，贴满广告拉着铁丝网的围墙，在高档楼宇映衬下格外破陋低矮的内院，被出租门头占据的墙内外，嘈杂的叫卖声和熙攘的人群，消失了；取而代之的是古色古香的四合院，宽敞明亮的教室，爬满藤蔓的围墙，绿树灌木掩映的专业教室，大气沉稳的校训影壁，朗朗的书声和孩子们欢乐奔跑的身影……十余年的时间，学校的学科质量稳步提升，各类兴趣社团百花齐放，教师专业技能不断优化，学生综合素养全面发展，校园文化丰富多彩。2014 年，习近平总书记亲临学校视察指导，对学校的各项工作给予了高度评价，并在学校召开座谈会，发表重要讲话，向全国少年儿童提出了"记住要求，心有榜样，从小做起，接受帮助"的十六字要求。自此，学校迈入了更高的发展阶段。回顾十余年来变革的艰辛与困顿，焦虑与迷茫，只因一切为了孩子的教育信念，拼搏的脚步坚定执着，矢志不渝。在校园剧创作伊始，为了将这些真实的奋斗历程生动恰当地呈现出来，从《大槐树下》到《做最好的我》，整整一年的时间，剧本几易其稿。为了一个词、一句话、一段背景……主创人员沟通至深夜，讨论至面红耳赤是常有的景象。在"情"上打动人，在"理"上感化人，用九十分钟的舞台时间呈现十六年学校的励精图治，还原一段历史，展现一代教育工作者为了使命和责任的奋斗历程。剧本创作的过程，恰如学校的蜕变历程，艰难而执着。最终，所有的付出，换来了舞台上精彩的呈现。

清退校园的商贩租户，校长接到法院传票，宁肯身陷纠纷，背负百万债务，也坚定地要让学校变回该有的样子；

"和而不同，快乐成长"的办学理念，帮助父母化解了孩子成长的焦虑，留住了优秀的年轻教师，更带给了孩子幸福快乐的小学生活；

像办大学那样办小学，开启家长大讲堂，增长学生见识，开阔学生视野，家校共建的举措让家长和学校的关系更加紧密，学校的教育味道更加浓厚；

有魔法的口琴，让心声从音符里流淌出来，开启了学生的一扇扇心门，更打开了学校尊重学生个性、助力特长培养的教育思路，校园内各类社团百花齐放，竞相争艳；

让有意思的事情变得有意义，把有意义的事情做得有意思，无论是学业功课，还是丰富多彩的社团活动，都只为在孩子心中播下一粒未来能够长成参天大树的种子，所以，分数这把尺子不是学校教育的全部，尊重并赏识每一个孩子的无限可能，才是教育的初衷；

习近平总书记来到学校，给老师和孩子们以鼓励，为学校发展指明了努力的方向，谆谆教诲，盈盈于耳，"做最好的我，在我最好的方面"，是师生身体力行的誓言；

大槐树年年槐花香，莘莘学子一届届学成毕业，难忘辞别前的夜宿校园，那是最后一次躺在母校的臂弯里，浸润在母校祥和、温暖而又厚重的气息里。带着母校传承给孩子们的精神财富，带着母校给予孩子们的乐观豁达的幸福观，在未来广阔天地里，再次起航……

校园剧里所有的故事，都是发生在民小校园里的实情实景。口口相传的一个个耳熟能详的故事，是民族小学全体师生代代相承的精神财富。整台校园剧，全部由民族小学的老师和孩子们真情演绎，不是演员，胜似演员。数不清的日日夜夜，他们完成本职工作和学习之后，全情投入到校园剧的排练。记不清嗓子哑了多少次，说不清为了一句台词争执了多少遍，更想不起那无法言说的疲惫和困倦。这一切都是因为师生在努力地演绎着自己的故事，自己学校的故事。所以，最终呈现在观众眼前的校园剧，是民族小学独一无二的匠心之作。

校园剧圆满落下帷幕。十多年前的那堆废墟上，老师们望着远方，凝重的眼神、坚定的身影，至今仍在所有民族小学师生家长的心中挥之不去。记住过去，把握现在，面向未来，这便是编写此书的初衷。通过文字与图片的形式，加之扫码观看视频的技术，本书为读者呈现这部校园剧孕育、诞生的全过程以及为广大师生家长乃至社会带来的感悟与撼动。生命成长共同体，是民小师生相濡以沫、心系彼此、互利成长的根基。这部校园剧也是一个生命，必将在恢宏的教育发展长河中绽放异彩。

　　感谢所有参与校园剧的主创、演职人员，感谢所有亲历学校发展的教师、学生和家长们。感谢这个时代，感谢我们的祖国。

　　是为序。

　　　　　　　　北京市海淀区民族小学校长　马万成

　　　　　　　　　　　　　　2020 年 12 月 1 日

目　录
CONTENTS

一张张照片的背后，承载了学校一个多世纪的发展历程，更凝聚了几代教育人的励精图治与智慧结晶。自 1890 年大阿訇张子文在马甸清真寺内办起了新式的"回民义学"开始，学校历经时代变迁，战火洗礼，几番更名，发展成了今天的海淀区民族小学。

下面的一张张照片是这个发展与奋斗历程的浓缩剪影，从中我们能够感受到民族小学办学为民、育人为本的责任担当，执着追求、锲而不舍的办学精神。办有味道的学校，做有温度的教育，一部关于传承、坚守与创新的发展史和奋斗史展现眼前。

▲ 20 世纪 70 年代教师在教学楼前的合影

▲ 20 世纪 80 年代师生在校园里合影

▲ 毕业生在教学楼前合影

▲ 学生外出参加实践活动　　　　▲ 老师和学生交流

▲ 学校铭史馆

百废待兴　求生存

2003 年，马万成出任民族小学校长，开启了一段艰辛的奋斗历程。发展才是硬道理，要想求生存靠自己。濒临撤并的学校，环境破败，生员流失，声誉下滑到底谷。在上级领导的大力支持下，民族小学全体教职员工，立雄心，树志向，一定要办一所让人看得起的好学校。

▲ 校园周边被商铺环绕

▲ 学校操场旧貌

▲ 教学楼旧貌

▲ 校园北侧四合院旧貌

▲ 马万成校长在破败的校舍前驻足凝望

▲ 在一片废墟上，马万成校长为老师们描绘学校美好未来

▲ 学校领导班子在校舍改建工地

做最好的我——原创校园剧创演纪实

内涵建设　寻发展

在马校长和老师们团结一心、艰苦卓绝的奋斗下，学校从环境到管理再到教学，都发生了翻天覆地的变化。内涵建设被提上议事日程，民族小学独有的奋斗精神和教育情怀是学校建设发展的根基。让开放、包容、自主、多元的教育氛围充满校园，让有意义的教育变得有意思，让学校充满幸福的味道。

▲ 和乐壁上的学校办学理念

▲ 每个教室后墙都有校训：做最好的我，在我最好的方面

▲ "三气"精神

▲ 春天里的文耘亭

做最好的我……原创校园剧创演纪实

▲ 夏日校园充满自然的味道，成长的喜悦

▲ 孩子们行走在秋日的校园中

▲ 孩子们在冬日的校园里尽情玩耍

▲ 立人书院雪景

立德树人　明方向

　　2014年，习近平总书记来到民族小学。学校秉承立德树人的初心，培育和践行社会主义核心价值观，得到了习近平总书记的充分肯定，学校也迎来了崭新的发展契机。

▲ 学生每年给习近平爷爷写信，汇报成长与收获

▲ 学生在习思堂内参观学习

▲ 每学年开学典礼上全体教师宣誓

▲ 学生齐呼校训：做最好的我，在我最好的方面

▲ "学生喜欢、家长满意、同行佩服、领导赏识、自我认同"的明星教师

▲ 民小榜样

▲ 一年一度"爱心义卖"

▲ "毕业24小时"在学校宿营

▲ 民乐团让更多孩子爱上民族音乐

▲ 风雪中奋勇拼搏的足球小将

▲ 武术队练就精气神

▲ 民族服装日里的民小学生

直面现实 再出发

时代在发展，社会在进步。学校与时俱进，直面社会关切，探索新时期教育发展目标。读书、写字、跑步成为民小人每天的必修课，"三气"精神凝聚在每个人心中；聚合资源，搭建平台，重塑角色，组建生命成长共同体，面向未来建设城市新型学校，成为学校新的发展目标。

▲ 迎着朝阳，迈开矫健的步伐奔跑

▲ 文耘亭下书声朗朗

▲ 百人书《论语》

▲ 海棠雅集书法笔会

▲ 家长带来不一样的课堂

▲ 亲子运动会架起家校共育的桥梁

▲ 武术表演

▲ 乐诵经典

前期创作阶段

一滴水映出太阳的光芒。校园剧以一个学校十余年的奋斗发展历程，折射出一个时代的发展变化以及海淀教育的发展历程，旨在给人以启示、思考和鼓舞。本着这样的初衷，校园剧开始了初期酝酿与前期创作。

2017.12

学校行政团队与王祺宇导演见面，交流校园剧排演初衷，其间分别与三位编剧就剧本撰写进行沟通，同时在教师中征集校园故事和老照片用于剧本创作。早期的校园剧命名为《大槐树下》。

2018.11.22

学校领导团队与李小刚导演、王祺宇导演、六一艺术团尹悦团长等校园剧主创团队成员在学校立人书院进行第一次主创碰头会。马万成校长向主创团队介绍了校园剧创作背景和排演初衷，李小刚导演就最新剧本的思考和想法与大家进行交流探讨。此次会议大致明确了选拔演员和排练等后续事宜的流程。

师生演员选拔阶段

　　此部校园剧的一个最大亮点就是剧中角色全部由学校教师和学生出演。自己演自己的故事，用自己的真情表现剧中的情感。教师和学生们多才多艺，三十余名教师和学生被选中出演剧中角色。

　　学校领导团队和校园剧主创团队在学校敬和堂进行第二次会议。会议上，学校领导提出举学校之力，共同做好校园剧的排演工作，并与李小刚导演商讨排练需求，明确了排练时间。

　　窦丽娜主任、李琳老师与校园剧主创团队在学校敬和堂开展学生演员的选拔工作。三至五年级共 50 名学生，现场进行形体、朗诵、个人才艺的展示。主创团队初步确定了 10 名学生演员：李士睢、朱文钰、李世潘、高安信、李璐瑶、文修齐、柳清晗、王依然、郭浩宸、何雨萱(排名不分先后)。

2018.12.04—2018.12.06

　　窦丽娜主任与校园剧主创团队在学校敬和堂开展教师演员的选拔工作。全校 100 余名教师依次在现场进行朗诵、即兴表演的展示。主创团队初步确定了 20 名教师：丁国强、于昊、陈坤、刘浩正、吴梦璐、胡彬、张亚妹、郑钟跃、杨慧、盛夏、张伟、刘家驹、戴欣、崔艳、武子夜、沈彤、张梦蕾、杨静、赵睿峰、赵小波(排名不分先后)。

冬季排练和阶段汇报演出

提出要求，明确方向，厘清思路，全力保障。这期间，又经历了数次剧本修改，数次汇报排练。一幕幕剧雏形初现，校领导给予鼓励和肯定，主创团队和师生演员全情投入。

2018.12.07

学校领导、校园剧主创团队、演员团队在学校小会议室召开排演启动动员会。马万成校长向师生演员们讲述校园剧创作背景及历史意义，动员大家积极参与其中。王晶副书记向演员们提出要求，希望认真对待，保证时间投入排练，学校各部门会做好后勤保障工作。李小刚导演向师生演员们介绍剧本创作思路，教授研读剧本的方法，明确了后续排练的时间，并对排练时的状态提出了要求。

　　校园剧导演团队和部分师生演员在学校蕙泽苑进行第一阶段排练。其间，导演和演员们一起讲剧本、对台词、排练表演，进一步对剧本部分内容进行修订和完善。

校园剧导演团队和全体师生演员全天在北楼排练厅进行整场排练，为阶段汇报演出做准备。

2019.01.24

学校行政干部和校园剧主创团队在蕙泽苑观看师生演员们带来的阶段汇报演出。在表演之后，马万成校长对导演组和演员们予以高度肯定，并表示衷心感谢。汇报演出之后，校园剧主创团队进行商讨，提出了新的修改意见。

2019.02.03

学校行政干部在王祺宇导演的陪同下，来到李小刚导演家中进行拜访。学校对前期排练工作中导演的付出表示衷心感谢，并与导演进一步讨论剧本后期修改的问题。

寒假期间，王晶副书记、窦丽娜主任对校园剧剧本细节重新进行修改完善。

春季排练和彩排

排练和演出进入倒计时。一年多的坚持和努力即将化作舞台上的精彩绽放。全程 26 次排练和彩排，对于为了不影响正常工作和学习而挤出时间的老师、孩子们来说，是极大的挑战。民族小学的老师和孩子们是好样的，不但都做到了，而且做得很好。

2019.03.05—2019.05.24

导演组和部分师生演员于每周二和周五 13：00—19：00 在蕙泽苑和崇和馆进行整场排练，共排练了 26 次。

2019.05.25

　　校园剧舞美团队在学校崇和馆进行环境布置，灯光、投影、音响设备分别进场，进行调试。

2019.05.26——2019.05.28

　　校园剧主创团队和全体师生演员在崇和馆内进行整场排练和带妆彩排，为演出做好最后的准备。

正式演出

终于迎来了登上舞台的时刻。三天六场，数以万计的现场观众和线上观众，教育界领导、同仁，全体师生以及家长，还有学校的老朋友们，均亲眼观看了这场精彩绝伦的演出。更多的人知道了民族小学成长、发展的艰辛历程，更多的人理解了马万成校长及老师们坚守初心、锲而不舍的教育梦想。

2019.05.29

原创校园剧《做最好的我》正式演出。

15：00 进行第一场演出，学校一年级全体师生及家长、受邀的客人观看此次演出。

19：00 进行第二场演出，学校二年级全体师生及家长、受邀的客人观看此次演出。

2019.05.30

原创校园剧《做最好的我》正式演出。

15:00 进行第三场演出，学校三年级全体师生及家长、受邀的客人观看此次演出。

19：00 进行第四场演出，学校四年级全体师生及家长、受邀的客人观看此次演出。

2019.05.31

原创校园剧《做最好的我》正式演出。

15：00 进行第五场演出，学校五年级全体师生及家长、受邀的客人观看此次演出。

19：00 进行第六场演出，学校六年级全体师生及家长、受邀的客人观看此次演出。

做最好的我
北京市海淀区民族小学原创校园剧

故事发生时间：2003—2018 年

地点：民族小学校园

扫码看校园剧
第一幕

第一幕　砥砺前行

【舞台上是学校的门口，看上去破旧脏乱，到处是交错的店铺门头和张贴的广告。一侧是废弃许久的鱼池，另一侧是高大但干枯的大槐树。一众小商贩在墙边摆摊。】

水果摊老板：正宗大兴西瓜，又甜又沙，全都没有籽儿哎！

炒货摊老板：炒瓜子，炒花生哎。

水果摊老板：全都没有籽儿哎！正宗大兴西瓜，又甜又沙。

炒货摊老板：炒瓜子，炒花生哎。

水果摊老板：全都没有籽儿哎……

炒货摊老板：哎哎哎，你能不跟着我这搅和吗？你瞎喊什么啊，没有籽儿、没有籽儿的，照你这么喊，我这一上午也甭想开张。

水果摊老板：今天开张管啥用？想想往后怎么办吧！

【其他商贩也七嘴八舌地帮腔，同意水果摊老板的看法。一个卖鱼的小贩推着车上台，打断他们说话。】

鱼贩子：别吵了，现在是该闹内讧的时候吗？(伸手捞了两条推车里的鱼丢进门口的池子里)团结起来，留活路！活鱼嘞，便宜啦。活鱼嘞，便宜啦。

【水果摊老板和炒货摊老板面上别扭着，但都不再说什么。】

【曹老师气冲冲地走出门。】

曹老师：这是学校门口，请大家配合一下，不要在这儿摆摊了。声音这么大，都没法上课了。

【曹老师刚说完，鱼贩子带头大声叫卖起来。】

鱼贩子：活鱼嘞，便宜啦。活鱼嘞，便宜啦。

水果摊老板：这家的炒瓜子、炒花生，皮薄粒大哎！

炒货摊老板：这家的西瓜全都没有籽儿哎。

曹老师：好了！请大家不要在这儿摆摊了，这里是学校、学校、学校！请给学生们保持一个良好的校园环境！

水果摊老板：我在这儿摆了好几年了，你说不让摆就不摆啊？

炒货摊老板：就是，不摆摊我们吃啥啊？

【一个居民大妈上，来到鱼贩子前。】

居民大妈：这鲤鱼咋卖啊？

鱼贩子：7块钱一斤。

居民大妈：新鲜吗？

鱼贩子：(指指池子)大姐，您看看，游得多欢实，都是活的。

居民大妈：好，给我收拾下。

【鱼贩子收拾鱼，曹老师走到他面前。】

曹老师：不能卖！请立刻离开，把校门口的地方让出来。

鱼贩子：这鱼是我的，钱是她的，关你什么事！

曹老师：可这池子是学校的！你把鱼放在学校的观赏池里本来就不对。

鱼贩子：什么观赏池？这水池子废在这里多长时间了，用过吗？你们不用，我用一下怎么了？

【鱼贩子把手里的鱼扔回池子，水溅在曹老师的白衬衫上。】

鱼贩子：(硬撑着脸面)你看看，叫你别在这儿打扰我做生意了，这不能怪我哦。

居民大妈：我说你这鱼到底还卖不卖了？

鱼贩子：这不能赖我啊！

居民大妈：(嘟囔着走了)算了算了，回头也要跟我儿子说说，不要把孙子送到这学校来。从外面看，都不知道里面是学校……

【在买东西的路人们对学校颇有微词。】

路人甲：这是学校啊？

路人乙：不知道啊，我刚搬过来，这是所学校啊！？

【王主任走出来，听见路人的话，心里不是滋味，把纸巾递给曹老师。】

王主任：曹老师您没事吧！

【曹老师摇摇头，接过纸巾擦擦头上的汗，又无奈地擦衣服。】

王主任：这位师傅，有话好好说嘛。

鱼贩子：你又是谁？

王主任：我是这个学校的教务主任！

鱼贩子：你也要赶我们走，是吗？

王主任：请大家冷静点，听我说两句。学校是孩子们学习读书的地方，大家在门口做生意，孩子们真的没法专心上课啊。现在学校不仅门口不能摆摊做生意了，这校园里里外外我们也决定都不再租了，跟租户们解除合同的工作一直在进行！希望大家多多理解，多多配合。

鱼贩子：主任，我们在这住了两三年了，每年按时交房租的，听说你们学校光房租每年就能收个百八十万的！要是让我们继续租下去，那是两方欢喜的好事，现在倒好，放着现成的百万富翁不当，非要和我们过不去，这不是自断财路吗！

王主任：如果继续租下去，大家可以做生意，学校经费也更加充裕。可这么租下去就算有一百个好，只要对孩子有一点害，学校就不能再租了。

曹老师：大家看看眼前污水横流，垃圾满地，哪有一点学校的样子啊。

水果摊老板：我们就做点小买卖，怎么就对孩子有害了？这位主任，我们是粗人，也是讲道理的，以前可从来没有在上课时间不叫做生意啊。

鱼贩子：哦，我知道了，一定是新来的校长，肯定是他不让租的，我们找他去。凭什么他来了，我们就不能在这做买卖了。把你们校长叫出来！

王主任：大家先别激动，别激动。

【正当大家嚷着找校长时，租户张大姐疾步上。】

张大姐：王主任！你们校长呢？

王主任：怎么了？张大姐，什么事啊？

张大姐：还能什么事儿，你们校长收到传票了吧？你跟他说一声，我在这住了快五年了。甭想一句话就让我搬走！反正我就是不搬！

曹老师：(忍不住脾气)张大姐，您讲点道理可以不？您看这学校里坑坑洼洼的不说，三轮车小货车一会儿一趟的，孩子上学的安全都成问题！您就看在这么多孩子的安全份儿上，搬了吧。

张大姐：这你和我说不着，我这合同没到期呢！反正我就是不搬。

曹老师：不搬也得搬。

张大姐：就是不搬！看学校能怎样！

修车铺老板：对，我们要团结起来，不搬都不搬！看学校能怎样！(把一盆水泼到大槐树下)

曹老师：你们不要再吵了，再吵我就报警！

修车铺老板：你报一个我看看！

【手机铃响起，所有人定格。赵老师上场。】

赵老师：妈，我今天来面试了，听说是一所很有历史的小学，老舍先生还为这所学校的建设作过贡献。好的，我知道了，这是我的第一份工作，我会努力的！(挂电话，下场)

【众商贩继续叫嚷。校长背着一个小女孩从校外走来，手里拿着一个塑料袋，小女孩腿上缠着纱布。】

张大姐：校长呢？叫你们校长出来说清楚！校长，校长！(众商贩帮腔)

校　　长：张大姐，您找我？

小女孩：妈妈！

【校长把小女孩放下来，张大姐看到小女孩的腿，赶紧跑过去。】

张大姐：(紧张关切地)怎么搞成这样？怎么了？没事吧？(演得要夸张泼辣)

小女孩：滑了一跤，摔倒了。

张大姐：好好好，咱们新账旧账一起算！你们是怎么看学生的？我闺女在学校里磕坏，(对校长)校长你是不是得负这个责？孩子别怕，告诉妈妈，在哪儿磕的，是谁推的你？

小女孩：没人推我，是下课了，我们要跑到那边玩(指一指小院里租户住处附近)，有好多肥皂水，还有几块西瓜皮，我不小心踩到了，就摔倒了。

张大姐：(没有底气)反正是学校里的事，校长得负责……

小女孩：您不能说校长，是校长背我去医院的，校长可好了！(不好意思地)

校长还提醒过我们别去那边玩，是我们偷着跑过去玩，结果不小心摔倒磕的。

【张大姐又想数落女儿，又心疼，又有些不好意思。】

校　长：(把手里的塑料袋递给张大姐)别担心，医生说没有大碍，伤口别碰水，休养几天就好了。

【张大姐接过袋子，背起孩子，走也不是，留也不是。】

小女孩：(高兴地)谢谢校长！妈妈，咱们走吧。

张大姐：好……你落下的功课，那作业会做吗？

曹老师：(和颜悦色)等孩子回来我给她补上。

张大姐：(转身感激地)谢谢，谢谢老师。

【张大姐看看校长，迟疑了一下，飞快地鞠了个躬，领着女儿快步走了。赵老师上。】

【商贩们看着张大姐的背影，沉默了一会儿，似乎有些动摇。】

水果摊老板：(嘟囔着)这人怎么说变就变。

修车铺老板：还不都是你那西瓜皮害的！

水果摊老板：你……你那肥皂水就没责任？

王主任：(指指孩子离去的方向)大家也都看见了，今天是这个孩子，明天呢？各位的孩子也有在这上学的，谁也不想自家孩子再摔一跤吧？

鱼贩子：校长，让我搬走也行，你要能给我找地儿住，我马上就搬走，要不……

校　长：(语重心长地)这是学校，是孩子们的第二个家。你们看看院子里这电线，下雨时万一有个好奇的孩子靠近……你们希望自己的孩子在这样的环境中学习吗？门前这路本来就不宽，放学时候人多拥堵，天气冷了水再结成冰，造成的危险后果谁来承受？

炒货摊老板：嗨，我们外地的在这做小生意，送孩子来学校哪考虑那么多，学校正规，有书读，别跟着我做小买卖就挺好。

校　长：你们在北京生活的确不易，孩子有机会在海淀上学，就更加难得，海淀区的教育可是在全国有名的，如果我们的学校环境变美了，质量提升了，咱们的孩子会更出色！如果我有余力，我也想立刻帮您找个地方，但是首先，我要翻新的是孩子们上课的地方！

【大家被校长的话镇住，一时间鸦雀无声。】

　　校　长：各位，学校不能再做眼下挣钱、让后人埋怨的事，如果再这样下去，学生没有一个安全的环境和基本的办学条件，这所学校很可能被撤并掉。

　　鱼贩子：撤到哪儿去？

　　水果摊老板：撤并是什么意思，你知道吗？（慌乱地问身边的赵老师）

　　赵老师：就是学校会被取消，孩子们不能在这儿上学了！

　　炒货摊老板：不能取消啊，取消了我儿子去哪儿上学啊！

　　【众商贩也都急了。】

　　曹老师：退租这件事咱们已经纠缠半年了，孩子的成长等不起啊，为了孩子们，真的不能再这样下去了啊！（对商贩说）老王，你们家孩子不是喜欢读书么，院里原先有个破庙，校长说，那里要翻建，以后就是咱们的图书馆。（对商贩说）老李，你们家孩子喜欢运动，但操场太硬了，要铺上塑胶，孩子们可以在上面踢球撒欢。

　　王主任：是啊，这教学楼是 60 年代的老楼了，外面看着挺高大，里面却是黑漆漆的，连厕所都租出去了，教室的门窗都破损了，存在着巨大的安全隐患，必须重新装修。

　　校　长：我还希望有一个食堂，到时候，孩子们就能吃上美味可口的饭菜啦。

　　【商贩相互对视，无言以对。屏幕里出现废墟般的地方。】

校　　长：大家看看周围这些小区，都修得富丽堂皇的，咱们学校就跟废墟一样，开发商都把学校四周用广告牌围了起来，怕影响他们售楼！周围小区的居民，包括你们，愿意把孩子送到这儿来上学吗？所以，哪怕有再大的困难，我们都必须对现状进行改造，我相信未来几年，学校的环境一定会变好的。起码要让路过这里的人看到这里有了巨大的变化，我们要办一所让人看得起的学校！

炒货摊老板：搬！我明天就搬！

【炒货摊老板收拾东西下，几个商贩也跟着撤了，有的还在犹豫，商户们纠结万分，纷纷议论。】

水果摊老板：你搬吗？

鱼贩子：没想好，回家商量商量。

修车铺老板：那也不能就凭校长几句话就搬走了吧？这么便宜的地方，让我们到哪儿去找？

赵老师：现在租房子真是一天一个价。现在我毕业要工作了，想在附近租房子，上个月看上一个房子，一千五嫌贵，结果昨天再去，两千都租出去了。我看咱们这个学校里外也有个几十户租户吧，上百人吧。现在别人都拿着补偿款，把合适的地儿都租了，要是租晚了，要么就都涨价了，要么就没地儿可租了，到时候更没辙了。

【众商贩躁动不安，面面相觑，嘀嘀咕咕。】

鱼贩子：真的假的？

赵老师：我骗您干吗？不信您去中介问问，这三环附近的房子，可不是一天一个价嘛。

【商贩们陆续下场。三位老师站到校长身边。】

王主任：哎，您是来应聘的小赵老师吗？

赵老师：对，我是来应聘的赵蕊。

校　　长：小赵老师，谢谢你。你很勇敢啊，没有被学校的情况吓跑。

赵老师：校长，没想到咱们学校的处境这么难啊。

校　　长：困难是大，但我相信有教委的全力支持，在全体教师的共同努力下，一定能改变这破败的环境，我要做一个让人看得起的校长。

曹老师：我们也都要做一个让人看得起的老师。

赵老师：对，我们的孩子也要做让人看得起的孩子。

校　长：工程图都规划好了——保留已有的古迹，还要在咱学校里种满各种各样的树，(越说越兴奋)包括围墙，我们都请了专人设计，要进行立体绿化美化，以后那墙上都会是成片的爬山虎，墙边种上四米多宽绿篱，还有法桐……让孩子在一个古典园林般的环境中学习。

赵老师：绿植有四季的变化、四季的味道，而古迹有中国的文化、中国的味道。世上无难事，只怕有心人。

校　长：(看着赵老师点点头)我们还要大力培养老师，让大家在教育教学方面都长本领。

曹老师：我们以后可真要欠着200多万过日子吗？

校　长：花明天的钱，办今天的事，因为我们明天还能活着！为了这四百多个孩子，施工队也同意让我们后续还钱了。只要我们一心为孩子们着想，相信上级领导会支持我们的。小赵老师，你可做好了思想准备？

赵老师：我有信心在这大干一场。校长，我们会跟您一起努力的。

校　长：好，时不我待，绝不被眼前困住，如期开工！

【推土机等机械马达声、打桩声渐渐响起。】

【音乐起，建筑舞。】

　　【在轰鸣声和充满激情的音乐声中，屏幕上滚动出照片，呈现学校环境建设旧貌变新颜的历史：破——建——新。残破的庙宇平房，贴满广告、拉着铁丝网的围墙，在高档楼宇映衬下格外破陋低矮的内院，被出租门头占据的墙内外等消失不见了；工程队在楼内外施工场景，脚手架、大吊车旁建起教学楼、体育场、崭新的跑道、漂亮的楼宇、花园、教室等。】

画外音：为了改变学校的恶劣环境，学校跟租户打了十几场官司，沟通化解了几十次矛盾，赔了租户一百多万元，终于清退了所有租户，对校园环境开始了大刀阔斧的改造。教委领导也给予了大力的支持与帮助。十年间，教委先后投入8000多万元支持学校改造建设，看到学校的变化，学校旁高档社区的开发商——冠海公司也给予了学校资金支持。经过数载努力，学校的面貌发生了翻天覆地的变化。学校也改名为"北京市海淀区民族小学"，成为海淀区唯一的民族学校。

【大槐树变得枝繁叶茂，水池整齐漂亮，写着校训的大影壁。】

【朗朗读书声起，孩子们朗诵的是《长歌行》。】

【读书声起，《长歌行》；鸟叫声……】

扫码看校园剧
第二幕

第二幕　前路漫漫

【孩子们熙熙攘攘放学的情景。】

王主任：小心台阶啊孩子们，看见家长再走啊，别着急。

【学生们都走了，王主任往四周望着学生们的背影，看是否跟上家长了。】

【这时，赵老师牵着小文的手走出来。】

赵老师：王老师。

小　文：(恭恭敬敬地)王老师好。(静静地坐到台阶上，若有所思)

王主任：哎，小文真有礼貌。(轻声问赵老师)又没来啊？

赵老师：(点点头)我陪他等会儿，您先回吧。

王主任：我看你好像有点累，自己成吗？

赵老师：成，(看看手表)差不多快到了。

【王主任拍拍赵老师的肩膀，进门去了。】

【落日余晖中，一切显得那么宁静。】

【赵老师见王主任走远，去招呼正在门口左顾右盼的小文。】

赵老师：小文，妈妈一会儿就来了，别急。

小　文：(不安地嘟嚷着)我不急，最好晚点来。

赵老师：你说什么？

小　文：啊？我的意思是，有赵老师在，妈妈晚来一会儿我也不会害怕。

赵老师：(被小文逗乐了)这孩子，真会说话！

小　文：(跑到赵老师身边)是您语文课教得好。

赵老师：(牵着小文坐下，摸摸他的头)哎，小文，看那太阳像不像金色的车轮？

小　文：嗯，夕阳无限好，只是近黄昏。(看了一眼赵老师)赵老师，这可能是我最后一次来学校了。

赵老师：(惊讶)什么意思？

【小文想说什么，被匆忙而来的文妈妈打断。】

文妈妈：小文！赵老师，真对不起，又给您添麻烦了。

赵老师：啊，没关系，那个……

文妈妈：我们先走了，Andy，跟老师说再见。

小　文：(挣脱开妈妈)我不要！

文妈妈：你这孩子，怎么今天这么没礼貌！

赵老师：小文妈妈，您可能错怪孩子了。

文妈妈：我错怪他？

赵老师：借您几分钟，小文说他这是最后一次来学校，这是？

文妈妈：噢！还在跟他爸爸商量，所以没有跟您说。

赵老师：他今天的状态跟以前不一样，这件事情可能影响到孩子的心理了。

文妈妈：是吗？就是吧，我想着给他转学……

赵老师：转学？为什么呢？是我教得不好么？

文妈妈：不是，您别误会，您是位很负责任的班主任。只是我不太想让孩子参加高考，希望他以后能出国留学工作，也许私立小学是个更好的选择吧。

【赵老师想说什么，却被另一个声音打断。】

【谁也没有注意到，刚刚大人谈话的时候，小文已跑到水池旁边，还把手伸进了水池里。校长和曹老师正站在门口。】

【文妈妈见到校长，面露尴尬，不知刚才的对话是否被听去。】

曹老师：这位同学快离开水池，你哪个班的？怎么能捞鱼呢？趴在那多危险啊！

小　文：我没有捞鱼。

曹老师：还狡辩，我都看见了，手都伸进去了！

小　文：我说了，我没有捞鱼。

【小文被误会了，十分伤心。】

赵老师：(跑过去)曹老师，这是我班上的学生，小文。这位是小文妈妈。

文妈妈：抱歉啊，老师，我刚才没看好孩子。Andy，快跟老师认错。

小　文：(一字一顿地)我没有捞鱼！

文妈妈：(生气地)你这孩子！

校　长：他确实没有捞鱼。

【众人惊异，校长走到小文身边，和颜悦色地跟他说话。】

【这时文爸爸也赶来了，看到校长已开口说话，脚步放慢放轻了些。】

校　长：孩子，你在跟小鱼说悄悄话，是吗？

小　文：(眼睛里流露出亮光)是的，校长。

校　长：因为小鱼跟你隔着水，你怕它们听不清楚，是吗？

小　文：(使劲点头)是的。

校　长：嗯，你考虑得很周到。那你都说了什么呢？

小　文：(看看妈妈和赵老师)

　　　　再见吧，自由奔放的大海！

　　　　这是你最后一次在我的眼前，

　　　　翻滚着蔚蓝色的波浪，

　　　　和闪耀着娇美的容光。

　　　　好像是朋友忧郁的怨诉，

　　　　好像是他在临别时的呼唤，

　　　　我最后一次在倾听

　　　　你悲哀的喧响，你召唤的喧响。

　　　　你是我心灵的愿望之所在呀！

【大家都为小文念出的诗歌所触动。】

校　长：(对赵老师)你下午教的？

【赵老师点点头。】

校　长：孩子，你记得真好，说得也好。你是要去什么地方吗？

小　文：(小心地看看妈妈，又看看校长，鼓起勇气)妈妈一直说要让我转学，去国际小学。

校　长：去国际小学？

小　文：嗯，妈妈说那有外教，还有很多社团。

文妈妈：好了 Andy，回家再说。

校　长：(沉默了一会儿)孩子，那你的想法呢？

小　文：我不想去！我不要离开这儿，我的朋友都在这儿！

文妈妈：你去了新学校，也会交到很多好朋友的呀！

小　文：那也不好！那里没有小桥、小动物园，秋天没有丝瓜也没有枫叶！我还想跟着赵老师学很多很多东西，以后成为一名作家！

文爸爸：说得好，爸爸支持你！

小　文：(惊喜而高兴地)爸爸！

文爸爸：校长好，老师好。我们小文不转学了。

小　文：(跑到爸爸身边)真的？

文爸爸：真的！

【文妈妈把文爸爸拉到一边说话。】

【这时校长陪小文观察小鱼，有说有笑，小文很高兴。】

文妈妈：(把文爸爸拉到一边)什么意思啊你？

文爸爸：我觉得这学校挺好的。

文妈妈：当初说好了图着离家近先送来，好不容易我进了外企，有条件能给孩子换到国际小学去……

文爸爸：主管大人，咱俩当年也是公立小学，现在发展得不都挺好的吗？

文妈妈：你别往我脸上贴金，现在时代不一样。身边哪个同事不是把孩子送去国际小学？楼下那个邻居，哪怕借钱也想着让孩子进国际小学！你搞科研，我努力赚钱，好不容易把小文送进国际小学了，不就想让他不受成绩所累吗？你看，这个学校连个社团都没有，孩子在这儿怎么全面发展？以后怎么跟人家竞争？

【文爸爸妥协了，不想争论下去。】

文爸爸：我知道你很辛苦，一切努力也是为了小文。那你看看这学校，有小鱼，有丝瓜，有这么大的树叶，还有这么壮的大槐树，最主要的，这里的老师能发现孩子的特点，校长能关注到孩子的情感变化，在这样的学校里快乐地成长着，不好么？

小　　文：校长，我能问您一个问题吗？

校　　长：可以啊。

小　　文：妈妈说她努力工作赚钱，爸爸拿了很多大奖，他们都是优秀的人，那我怎么能成为一个优秀的人呢？

校　　长：关于你的问题，我是这样想的。你是一个很有礼貌的孩子，善于主动思考，问了我这么多问题。你还有一个很好的志向对不对？

小　　文：对呀，我想成为一名作家。

校　　长：这样很好，说明你是有远大志向的孩子。你有很多好朋友，连小鱼都是你的朋友，说明你是一个很用心，很善良的孩子。你已经是个优秀的人了，我希望你能一直这样，在这里的每一年，做着那个最好的你！

【文妈妈听到校长的话，走过去。】

小　　文：听您这么说，我感到很幸福。

文妈妈：在家里，小文可从来没对我说过幸福这个词。

校　　长：(对小文)孩子，你愿意在这里上学，这是你的幸福，也是我的幸福。如果你愿意跟爸爸妈妈多说说心里话，我想他们也会觉得很幸福。

小　　文：(故意地)我不要跟他们说话，不过，我可以写一封信给他们，就写

做最好的我……原创校园剧创演纪实

在树叶上！(发现一片特别大的树叶)我还要在这片叶子上写封信给小鱼，明天带来读给它们听，小鱼也会很幸福的！(若有所思)爸爸，我明天还能来学校吗？

文爸爸：当然，你要在这里幸福地毕业。

小　文：真的吗？太好了，太好了！(犹豫地)妈妈？

【文妈妈点点头。】

文爸爸：谢谢您，给了我们很多启发，孩子信任您，才会说出这么多的话。为人父母，诚惶诚恐。说心里话，我们总想给孩子最好的，但真的不知道什么是最好的。您要理解孩子妈妈想送孩子去国际学校，认为那样有更多的资源，但我们确实没有考虑孩子的需求。其实有很多家长都有这样的困惑和矛盾。

校　长：你们心里的纠结焦虑我都能理解，每一个孩子都是不同的，要想满足他们成长的需要，只靠学校的力量是不行的，咱们的家长来自各行各业，我希望大家能够走进教室，给孩子们带来不一样的课堂。我听小文说，您是位科学家，可不可以邀请您为孩子们做首次家长公开课，为孩子们打开眼界？

文爸爸：荣幸之至！

校　长：(将自己衣服上的校徽取下来，郑重地送给文爸爸)谢谢。

【音乐起。递校徽过程需要有一些仪式性。】

【文爸爸郑重地向校长鞠了一躬，把校徽拿给文妈妈看。】

文妈妈：这校徽很特别啊。

校　长：是啊，这形状好似喷薄的日出，象征孩子们是初升的太阳，朝气蓬勃，全面发展，天天向上。同时，它又是一个不完整的圆，时刻提醒着我们，教育就是一群不完美的人带领着另一群更不完美的人走向完美的过程。我希望每一位师生和家长都能够在学校这个大平台上"和而不同，快乐成长"！

文爸爸：校长，我特别赞同您这个理念。孩子的见识要比他学到的知识更重要，我一定来支持！那我们回去好好准备，先走了，您留步。

小　文：校长，老师，再见。

【小文一家离去。】

【校长和赵老师望着他们的背影，沉默了一会儿。】

校　长：赵老师，下午曹老师去旁听了你的课，跟我说感觉你有心事。刚才王主任到我办公室，也说了同样的话，你有什么想跟我聊聊的吗？

赵老师：没事，校长。(又补了一句)您放心。

校　长：嗯，赵老师，我们接下来有很多事情要做，需要你啊。

赵老师：我会更加努力的。

校　长：有你这句话，我踏实多了！明天见。

赵老师：明天见！

【校长转身离开。手机铃响，赵老师接听电话。】

画外音：赵老师您好，之前您说还没办好离职手续。如果您能来，我们这还提供公寓房，还有各种培训、出国交流的机会。您考虑好了吗？

赵老师：谢谢您，我决定放弃这个机会，还是在我的学校做老师。

【手机铃又响。赵老师清一下嗓子，接电话。】

画外音：胡闹！条件更好的单位你不去，非要在民族小学，离家那么远，天天跑身体能受得了吗！你眼里还有没有我这个妈！

赵老师：妈，我知道您心疼我，上班路程是远了点，但是我可以租房子嘛，周末一定回去陪您。至于出国交流的机会，我相信民族小学以后也会有……

画外音：傻孩子，先把眼前顾好吧，明天你就去那个学校报到去！

赵老师：(目光坚定地站在大槐树下，看着远方)可是妈妈，那里没有小桥、

做最好的我——原创校园剧创演纪实

小动物园，秋天没有丝瓜也没有枫叶，没有这么自然的味道，也没有孩子的味道啊……

【灯光渐收。】

幕间戏　家长大讲堂

文爸爸精彩的天文学公开课。

扫码看校园剧
幕间戏及第三幕

【铃声响起，掌声响起。】

【文爸爸走上讲台，开始讲课。】

文爸爸：好的，同学们，我们的课先到这儿，但我要留一个问题：据专家们推测，火星曾经和咱们的地球一样，有磁场、大气层和液态水——液态水，是目前人类所知的生命得以存在的最基本的条件，但后来这些条件都消失了，那么问题是，我们还有机会移民到太阳系以外的星球上去吗？

【学生们互动。】

文爸爸：好，我们下次再来回答这个问题。

王主任：谢谢小文爸爸的精彩讲座。校长带着我们像办大学那样办小学，增长学生的见识，开阔学生的视野。小学生的学习目标不能仅仅停留在要上好中学、好大学，更应该从小有见识，有大志向，有担当，能够在未来担起国家的责任、社会的责任，就像我们这些优秀的家长一样。

【随着王主任的话，大屏幕播放各行业家长讲课的视频资料：有讲科学的，有讲传统文化的，有讲京剧的，等等。】

王主任：家长大讲堂，是民族小学家校共建工程的其中一个举措，通过这些举措，学校和家长的联系更加紧密了，学生们的见闻也大大增长，现在学校每年都举行上百场讲座，让学校的教育味道更加浓郁了！让我们再次以热烈的掌声感谢小文爸爸！

【众人掌声。】

【灯暗，王主任和文爸爸下场，大屏幕上延迟续播一会儿，暗场。】

第三幕　百花齐放

【音效，鸟叫声。清晨的校门口，大槐树上满是花骨朵。】

【起光。王主任和赵老师在鱼池边喂鱼，有说有笑，曹老师若有所思上。】

赵老师：曹老师，周末了，您也没休息啊？

曹老师：我闲不住啊，马上要做公开课了，我就坐在办公室里踏踏实实地准备。瞧，学校环境好了，咱们老师也不能落后啊！您二位不也来了吗？

王主任：说的是。曹老师，如果您需要帮忙，咱们可以一起备课。

曹老师：那太好了，等我准备准备，请你们来提意见！不过我有一点不明白，你说我教了三十多年了，眼见就要退休了，怎么就非要开始电子备课了呢？我上学那会儿，哪学过电脑呀，这会儿要一个字一个字地敲，简直就是秀才遇上兵(自嘲地笑笑)……

王主任：现在已经进入信息化时代了，咱们做教师的更得跟上节奏。要长远提高工作效率，用电脑最方便，这电子备课是个大潮流了。

赵老师：曹老师，我们年轻老师也一样，授课经验还需要积累，上课的每一句话、每一个动作手势都得琢磨。还要准备参加计算机模块考试、英语口语考试，还得利用周末、假期参与学历提升的学习。咱们当老师，必须与时俱进。

曹老师：对，对！咱们都得努力，教到老，学到老！

赵老师：正好我有个难题，还请两位给些意见，我怎么才能把每一节课讲好呢？

王主任：嗯，上好一节课的因素有很多，最主要的是责任心。校长曾经告诉我们一个秘诀，每节课啊，咱们都得假设教室后面坐着两个人。

赵老师：两个人？

王主任：对，一位是教学主任，所以你的教学设计要扎实高效。

曹老师：还有一位是家长。（赵老师若有所思地点点头）我们要关注每一个孩子的成长与发展，做到时刻心中有学生。

赵老师：嗯，我明白了，这真是一个有价值的教学真理。

王主任：打铁还需自身硬，咱们要想把学校办好，每个老师都得努力工作。

曹老师：王主任说得太对了，我这浑身都是干劲了。现在就去备课！

【两人笑着看着曹老师的背影。】

赵老师：对了，我新做了一个公开课的教案，您有时间帮我看看？

王主任：好啊。（看了一会儿）不错不错，我拿到办公室再详细看看。

【长廊里。同学 A 和 B 跑着要去报社团，A 发现婷婷，拉住 B。】

同学A：(对B)这不是婷婷吗？(对婷婷)哎，婷婷，你一个人坐在这干什么？(婷婷没理他们，换了地方坐下)今天可是社团活动报名，再不去可就报不上了！(婷婷依然没理他们。A转问B)你报哪个？

同学B：舞蹈社，你呢？

同学A：我想去……科学社！

【同学C和D喊着婷婷的名字，气喘吁吁地跑上来。】

同学C：婷婷，老师问你语言表达班想不想去？

【婷婷还是没理他们。】

同学B：她在班里就这样，谁拿她也没办法。快走吧，迟到了可就选不到自己喜欢的社团啦。

【同学们准备去报名，迎面碰上赵老师。】

同学们：赵老师！

赵老师：婷婷呢？你们没叫她么？

同学D：叫了，可她不理人。

赵老师：你们知道为什么吗？

同学A：不知道。有段时间了，整天拉着脸，好像是她家有事儿吧。

同学C：我听说她有很长时间见不到爸爸妈妈啦！

赵老师：是吗……

同学B：你别瞎说。

同学C：本来嘛。

赵老师：好了好了，你们先去报名吧。

【同学下，婷婷从口袋里掏出一只口琴，吹起《两只老虎》。赵老师站在不远处，想着如何开口，听到婷婷吹口琴，她好像找到了突破口，在琴声中慢慢走近。】

赵老师：婷婷，你吹得真好。

婷　婷：赵老师！

赵老师：来，坐下。婷婷，你报了哪个社团啦？要不你想去哪个社团？我跟老师说。

婷　婷：没有我喜欢的。

赵老师：那你喜欢什么？

婷　婷：我不知道。(低下头摸着手里的口琴)

赵老师：(看到婷婷的举动，有了主意)你刚刚吹的那首曲子是谁教你的？

婷　婷：以前爸爸教过我，可是他们现在都太忙了，根本没时间听我说心里话，更别提吹口琴了……(赵老师感觉到什么，欲言又止)

赵老师：你再吹一次好吗？老师喜欢听。

婷　婷：真的吗？

【婷婷高兴地吹口琴，两人又唱又跳，校园里的孩子被吸引过来跟着唱跳，校长也被吸引过来。】

同学 A：婷婷，你吹得真好。

同学 B：赵老师，您跳得真好！

同学们：真好，真好！

赵老师：你们喜欢吗？

同学们：喜欢，喜欢！

同学 A：啊，我太开心了，我觉得自己好像一个跳跃的小音符！

同学们：我也是，我也是。

同学 B：婷婷，你的口琴有魔法，我忍不住要跟着唱起来、跳起来。(众人笑)

赵老师：(好像想到什么，忍不住感叹)当你学会音符后，你可以唱任何的歌。

婷　婷：(兴奋地紧接上)这是《音乐之声》里，玛利亚老师说过的话。

赵老师：你知道《音乐之声》？

婷　婷：嗯！我很喜欢里面的歌，有《孤独的牧羊人》。(哼了几句)

同学 C：还有《雪绒花》，我也知道，(陶醉地哼了几句)真美呀。婷婷，你用口琴吹出来一定会更美！

婷　婷：(托着手里的口琴，有些失落地)可惜我只会吹《两只老虎》……

赵老师：没关系啊，咱们可以多学几首曲子嘛，而且不光吹口琴，还可以多学一门乐器，奏出美妙的音乐。

同学 D：学乐器容易吗？

同学 C：不容易吧，我感觉比学说话要难多了。(众人笑)

赵老师：学什么都不容易，只要有兴趣，只要坚持，一定能行。如果能有更多的同学来学，那我们就可以成立一个乐队了。

同学们：(激动而不可思议地)成立一个乐队？

校　长：是的，成立一个乐队。

同学们：校长好！

校　长：(笑着点头)成立一个乐队，就能让你们多一种语言去表达、去交流，让心声从音符里流淌出来。(看向婷婷)孩子有天分，也爱音乐，总不能只能演奏《两只老虎》吧。

赵老师：是呀，校长，我刚来学校时，要举办班级的家长开放日活动，想找个会乐器的孩子给家长表演表演，可是一问，只有一个孩子站起来，说："我姥姥会吹口琴，行吗？"我真的是哭笑不得啊！咱们要是成立乐队，对孩子们帮助就太大了！

校　长：咱们要让学校成为一片艺术的绿洲。赵老师，你愿不愿意来做现实中的玛利亚老师呢？

赵老师：当然愿意，荣幸之至啊！

校　长：我们大力支持。同学们，我问你们：你们想学乐器吗？

同学们：想，想学。

校　长：那你们想学什么乐器？

同学们：口琴、笛子……

校　长：好，好！孩子们，我有一个想法跟你们分享，就是成立一个民乐团。

同学们：民乐团？

校　长：你们看婷婷的口琴，手掌这么大，里面的构造却不简单，虽然是西洋小型乐器，但我们的民族乐器——笙，正是这口琴的鼻祖之一。我希望你们在了解这些之后，能像爱惜自己身体一样爱惜手里的民族乐器，把民乐的学习作为一门真正的学问，将民族文化传承下去，你们愿意吗？

同学们：愿意，愿意！

赵老师：如果成立一个民乐团，也是我们民族小学的一大特色呢。

同学们：校长，我们什么时候能参加乐团啊？我们想早点参加！

校　长：马上！政协委员吴景馨女士愿意出资为咱们提供乐器、邀请名师，大家要积极报名参与呀！

同学们：好，好！

【学生们兴奋得欢呼雀跃，纷纷喊着要参加。】

校　长：婷婷，你想参加乐团吗？

婷　婷：想，校长，我喜欢音乐，我要参加乐团，多学几首曲子，让爸爸妈妈都来看我演出！

校　长：赵老师，看不出您还有音乐天赋啊。

赵老师：让您见笑了，我也是个音乐爱好者。做乐团是个大事，音乐老师肯定忙不过来。我还可以给音乐老师当助手。

校　长：好，说干就干。另外，那个叫婷婷的孩子……

赵老师：我初步了解了一下，是父母忙于事业，对孩子缺少沟通和陪伴。我会去家访，多了解情况，帮助孩子。

校　长：好。

赵老师：走吧，孩子们，说说你们想演奏什么？

【定点光，怀着愉快的心情，校长做着指挥动作，跟着律动哼唱起来，陶醉其中，憧憬其中。】

校　长：两只老虎，两只老虎，

跑得快，跑得快。

一只没有眼睛，一只没有耳朵，

真奇怪，真奇怪。

做最好的我——原创校园剧创演纪实

【校长下场。音乐起，在音乐声中，大屏幕播放各社团初建立时的影像、课堂师生互动的影像等。】

【暗场。】

扫码看校园剧
第四幕

第四幕　不忘初心

【众老师说笑声。起光。例会上，王主任给老师们分发着会议材料，老师们有的看材料，有的交谈着。王主任一边发材料一边看看手表和门外，想着从未迟到的校长为何迟迟不到。】

王主任：(笑)这样，大家先聊着，说说最近都有什么好消息！

老师A：我们班的小亮自从参加了足球队，进步特别大，以前胆小，不敢大声说话，现在变得特别阳光自信。

老师B：我们二年级刚开展的爱心义卖活动特别成功，家校一起筹备，义卖现场可热闹啦！孩子们在活动中就把数学的知识运用起来，还自己设计海报，用英语购物还能打折。你们猜猜，这次，我们总共募捐了多少？

王主任：肯定不少吧！

老师 B：一万多呢！我们正计划着把这些钱捐给贫困少数民族地区的学校！

老师 C：这个实践活动太有意义啦！我们古诗考级活动也特别好，好几个低年级学生把古诗八级都考过了，几百首古诗啊！

赵老师：咱们应该给这些孩子展示的机会，不如开展"小达人"的活动吧！

老师 D：这个主意好！咱们就是应该让在各个方面有特长的学生都能有自信，有展示的平台。

王主任：咱们的学生这么优秀，老师也在跟着一起成长。有五位老师获得了海淀区世纪杯比赛特等奖！

【众人鼓掌。】

老师 E：学校给咱们请来了好多教育大咖来当师傅，手把手教。这在几年前，我是想都不敢想啊！

王主任：说的是！只有加油干，咱们才对得起这些年的努力啊！记得那些年，每到招生季，我就提心吊胆，就怕招不来学生。为了招生，我夹着笔记本电脑到各个幼儿园宣讲，还发过小广告，就连海报都贴到了西城和朝阳，害得小区的保安都追到了学校！看看现在，还没到招生的时候，咨询上学的电话就一个接一个，再看家长的素质和学历背景，有一半的家长都是研究生学历！诶，张老师，您怎么愁眉苦脸的？

【张老师正要说什么，校长来了。王主任迎上去，其他老师见校长面色不佳，流露关切。】

校　长：抱歉啊，咱们这就开会。(对老师们)刚才大家都聊什么呢？

赵老师：我们分享了近期取得的好成绩！

校　长：好，好，各位老师辛苦了！感谢大家一直以来的努力。这几年，咱们学校的确发展得很快，很多家长慕名而来，但是我也听到了一些质疑的声音。刚才我在校门口遇到了几位家长，对于学生的整体素质和考试成绩谁重谁轻，就提出了质疑。今天的会议，我们就讨论讨论，这条路到底是否可行，请大家也说说心里话。

【大家面面相觑，不知谁先开口，如何开口。】

王主任：大家都说说心里话吧，咱们遇到问题就一块儿解决问题。张老师，要不您先来？

老师F：那我先说说吧……有好几位家长反映，学校活动这么多，功课抓得是不是不够紧啊？这样下去会不会影响分数啊？

王主任：学校社团丰富，小孩在这儿能学很多东西呢，学习的定义很广泛，可不只是语数外。

老师A：我们也是跟家长这么沟通的，但您想，学校在海淀啊，海淀这么多的名校……(欲言又止，还是说了出来)

王主任：(理解地笑了笑)李老师，您家孩子在咱这儿上学，您最有发言权。

老师B：(无奈地)平心而论，我一直觉得咱们学校的教育观念是对的，但明年就要小升初了……就说我外甥就读的那所小学吧，每天要做很多练习，作业也不少，老师和家长都抓得特别紧，可再看看我家孩子，每天倒是挺开心的，不是参加讲堂，就是社团活动，虽然在班里成绩还不错，但是到了中学，我们能拼得过人家吗？所以，我也迷茫了……不说俗气吧，也挺现实，总是希望孩子能开花结果的。

校　长：好，大家说得都很中肯，我们先休息一下，都想想下面该怎么做。

【校长走出去。】

老师A：今天校长脸色不太好，我们又说了这么一大堆，会不会太累了？

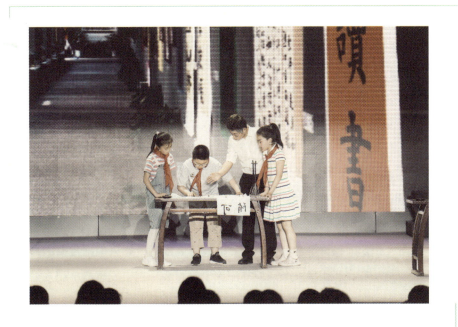

老师 B：不会吧，校长刚来的时候，压力比这大多了。

老师 C：那是什么？会不会是我们七年级监测……

王主任：有很多事情没法跟大家说，说不出的苦才是真的苦啊。今天的会先到这儿吧。

【大屏幕切换场景，校内书屋。】

【退休的曹老师（有些白头发了）正带着子轩做公益书屋的活动。】

子　轩：曹老师，您看这张怎么样？

曹老师：嗯，不错，颇有王羲之的风骨。

子　轩：我知道，您说过，王羲之是东晋时期的书圣。云霞明灭或可……

曹老师：睹！

子　轩：睹？噢，耳闻目睹，有目共睹……

校　长：一睹为快！

曹老师、子　轩：校长好。

校　长：曹老师，您退休这段时间，也没闲着，最近身体怎么样？

曹老师：校长您看——好着呢！哈哈。

校　长：子轩同学，你跟着曹老师做什么呢？

曹老师：校长，不是子轩跟着我做什么，是我跟着子轩做事呢。

校　长：这有意思了——曹老师如今也会拴葫芦卖药了？

曹老师：哈哈！他啊，发现社区的小朋友也很喜欢阅读，只是缺乏一个良好的环境。我这不是退休了，发挥余热，帮孩子跟社区说了想法，人家提供了场地，做了一个爱心书屋的雏形。

校　长：爱心书屋?!　子轩，你确实很有想法。

曹老师：子轩，你给校长讲讲社区里的故事怎样？

子　轩：好的。

【子轩在说的时候，大屏幕放着相应的视频影像。】

子　轩：校长，我觉得学习知识不应该被空间限制，如果能把各家的书都汇在一起，互相补充，那就是一个知识交流库了呀！我一说，没想到小朋友们都同意这个想法！自从做了爱心书屋的活动后，我每天放学后就会回到社区里，和小朋友们一起阅读经典作品。如果他们有不懂的字和句子，会来问我。如果我也不懂的话，会请教曹老师。我还把学校的古诗考级借鉴过去，不分长幼，公益比赛，公平晋级！现在大家都更喜欢读书了，放了学就来书屋。

校　　长：真棒。

子　　轩：校长，还有呢，我们学校一直在开展"历史上的百名榜样"的活动，我收获特别多！我想在社区也办一个演讲比赛，让大家谈一谈自己心目中的榜样。

校　　长：看来子轩在学校里能活学活用呢！那你说说，你还学到了什么？

子　　轩：还多着呢！我们要"学习中华传统文化蕴底气；知晓少数民族文化铸和气；了解世界多元文化成大气！"您还经常嘱咐我们，心中要有目标，在学校里要有责任和担当，将来要做一个合格的公民，要做一个对社会对国家有用的人……

校　　长：哈哈，子轩，真不愧是我们民小的学生。来，孩子，我给你写几个字。

【校长挥毫写下"和而不同，快乐成长"。】

子　　轩：和而不同，快乐成长。

校　　长：曹老师、子轩，谢谢你们，给我带来很多的启发：我们培养的孩子，应该是一个有思想的人，能对社会有作为的人。像子轩这样就很好啊，把学到的

东西融会贯通，还输送出去。

曹老师：校长，我以前啊，对学校的教改举措还有些不解，现在啊，我也发现了要与时俱进的重要性啊。环境是新的啊，孩子是新的啊，我这个老系统如果再不升级，那就失去了跟学生的共同语言，我还怎么做人家的老师？包括跟学生沟通的方式，也是从您这受益匪浅。

校　长：您说得对，从前我们习惯了逼着孩子成长，其实社会首先淘汰的是我们这代人，我们自己做出改变，学生们自然就会学着做了！（曹老师点头）

【曹老师和子轩继续研究书法作品，校长与曹老师作别，愉快地走出书屋，碰到婷婷。】

婷　婷：校长好！

校　长：呀，婷婷。（打量孩子）长高了，你这是去参加社团活动吗？

婷　婷：是的，校长，每周四我都去参加活动。（神秘而兴奋地）校长，爸爸给我买了一架新的古筝！

校　长：是吗？真棒！

婷　婷：我现在每天放学回家练习，更有动力了！

校　长：好啊，一定要坚持下去，以后一定会有作为的。

婷　婷：（受到鼓励）我一定坚持！今天是我们乐团合练，请您来听。

校　长：好。

【婷婷与校长作别，下场。王主任上。】

王主任：校长，您在这儿啊！刚才看您脸色不太好，是不是老师们的话……您别往心里去，家长和老师有些质疑也能理解，毕竟，那么久了，大家一直看重的是分数，想不到那么长远。

校　长：是啊！我也曾经犹豫，要想把自己对教育的认识转化成实实在在的行动，阻力不小啊！分数是一把尺子，但它代表不了孩子的方方面面，也不应该是学校教育的全部。

王主任：您常说，要在孩子心中播下一粒粒种子，也许将来某一粒种子就会生根发芽，长成参天大树，结出丰硕的果实……

校　长：对，每一个孩子的未来都有无限的可能。所以，我们开设那么多课程，组织那么丰富的活动。让有意思的事情变得有意义，把有意义的事情做得有意思。

王主任：十年树木，百年树人！也许现在我们看不到开花结果，但是，我们的工作很重要，也很伟大！

校　长：说得对！（二人相视而笑）

王主任：话说回来，咱们七年级的监测应该挺好的吧？（小心翼翼，看校长的脸色）

校　长：哦？你有这个自信？

王主任：自信倒不敢，就是觉得我们的力气都花在学生身上，应该不会差吧！

校　长：嗯！名列第一象限！

王主任：也就是说咱们的毕业生学业成绩和非学业成绩都非常优秀，属于双优对吧！

校　长：是！

王主任：这是好消息啊！大家不都关注成绩吗？这最有说服力了！这代表了我们孩子的整体素养，也证明了我们的方向是正确的！我这就把好消息告诉大家去，您放心，大家对您的良苦用心都会慢慢理解的！

校　长：谢谢！走，婷婷邀请咱们去看民乐团合练！

【暗场，一束定点光打在乐队的空椅子上，婷婷郑重地走过去坐下，指挥手

起，乐队演奏了一曲唯美的《茉莉花》。曲毕，校长带头鼓掌。】

【乐队演奏起其他曲目，风格多变，台上台下互动。】

【列队音乐起，前场亮，学生老师们列队。】

【队列中的两名学生。】

学生A：你有没有发现，今年"六一"儿童节特别不一样呢！

学生B：是啊，感觉每位老师都那么庄严，那么精神饱满。

学生A：听说有一位爷爷要来看望我们？

学生B：是啊，会是谁呢？

学生A：不知道啊，好期待呀！你的红领巾——

【学生A帮学生B把红领巾整理好。】

【全体师生在台上列队完毕。】

【大屏幕播放习近平总书记在民小的新闻：今天我们来这里，看望你们，庆祝国际儿童节，在此，向同学们，并通过你们向全国各族的少年儿童，致以国际儿童节的祝贺！】

学生A：2014年的5月30日，是一个令人激动的、终生难忘的日子，这一天习爷爷来到了我们民小，与我们一起度过了一个有意义的儿童节。

扫码看校园剧
社团展示

　　学生 B：这一天也是一年级同学加入少先队的日子。习爷爷和我们一起佩戴着红领巾，观摩我们的社团活动，参加了义卖捐款。在座谈会上，习爷爷发表的重要讲话，我都牢记在心里了。

　　【大屏幕上播放《新闻联播》播音员的播报：在"六一"国际儿童节即将到来之际，中共中央总书记、国家主席、中央军委主席习近平 5 月 30 日上午来到北京市海淀区民族小学，参加学校少先队主题队日活动，了解学生们学习和课余活动，特别是学校开展多种活动，积极引导学生，培育和践行社会主义核心价值观方面的情况。】

　　【大屏幕上播放《新闻联播》播音员的播报：习近平对少先队员们表示，参加少先队员入队仪式很受感动，让我想起了当年自己入队时的情景，感到入队是一件很光荣、很庄严的事情。今天，看到同学们矫健的步伐，听到同学们庄重的宣誓，脑子里不断闪现着一个词，那就是：希望。少年儿童是我们伟大祖国的希望，我们伟大民族的希望，同学们要好好学习，天天向上，让今天播下的种子在将来有一个丰硕的收获。】

　　【大屏幕上播放《新闻联播》播音员的播报：在听取发言后，习近平发表重要讲话。他指出，一个民族的文明进步，一个国家的发展壮大，需要一代又一代人接力努力。中华民族要继续前进，就必须根据时代条件，继承和弘扬我们的民族精神和民族优秀文化，特别是包含其中的传统美德。我们倡导的社会主义核心价值观，体现了古圣先贤的思想，体现了仁人志士的夙愿，体现了革命先烈的理想，也寄托着各族人民对美好生活的向往，要在全国人民中培育和弘扬，特别要注重从少年儿童抓起。】

【新闻视频中习近平总书记：时刻准备着，将来要接班啊！有没有这个信心啊？】

现场学生：有！（鼓掌）

【各个社团展示】

尾　声

家长 A：王主任，真的不用我们大人在这吗？

家长 B：您再跟我们说说，这 24 小时孩子们到底都做什么呀？

扫码看校园剧
尾声

王主任：各位家长，是这样的。毕业典礼前，毕业班的所有同学都会在学校里住上24小时，晚上也夜宿在学校里。这一天，大家一起义卖，一起包饺子，一起玩耍，分成各个兴趣小组在校园里分组行动。这是非常难得的一次经验，也将成为我们民小的一个传统……也是孩子们最后一次在熟悉的校园里活动了。

家长A：整整一天，24小时呢，这些孩子能成吗？

家长B：也不知道能不能吃饱，晚上知不知道盖被啊？

家长C：放心吧，有老师呢，也该让孩子锻炼锻炼了。

家长B：说实在的，学校真不错，孩子都不想走。

家长A：是啊，要是中学也能像民小这样就好了。

家长C：咱们走吧。王主任，谢谢啊，辛苦了。

【灯暗，家长下。王主任送走家长，走进一个帐篷里。】

【长廊灯区灯亮，婷婷爸爸、婷婷和赵老师在沟通。】

婷婷爸爸：赵老师，孩子就托付给您了，麻烦您了。

赵老师：不麻烦。

婷　婷：放心吧爸爸，我已经长大了！

婷婷爸爸：好好好，我的女儿长大了！给。(递给婷婷一个饭盒)

婷　婷：这是什么？

婷婷爸爸：是爸爸妈妈给你包的饺子。

婷　婷：(高兴地扑上去)谢谢爸爸，谢谢妈妈！您快回去吧，妈妈还等您吃饭呢！

婷婷爸爸：那爸爸走了，加油！(下)

婷　婷：好香啊！

赵老师：这才是最合你胃口的饺子吧！

婷　婷：赵老师，您和我一起吃吧。

赵老师：谢谢婷婷，你真懂事，老师不吃了，还有事呢，你快去尝尝吧！

【婷婷笑，下场。】

【赵老师走到鱼池旁。小文正看着鱼池，手里拿着本书。】

小　文：赵老师，这次我真的要跟小鱼告别了。

赵老师：(安慰地拍拍小文的肩膀)小文……

小　文：我真的很舍不得学校，舍不得您。

赵老师：还记得普希金的那一首诗吗？一切都是瞬息，一切都将会过去。

小　文、赵老师：而那过去了的，就会成为亲切的回忆。

小　文：赵老师，我明白，毕业了，我也长大了。对了，这本书送给您，上面刊登了我的作品！

赵老师：真的啊！小文的作品发表了，我一定要好好读一读。指导老师：赵蕊？

小　文：赵老师，我的每一点进步都源于受您影响，所以这篇作品，我一定要署上您的名字。能做您的学生，我很幸福。

赵老师：谢谢你，小文，谢谢。

【大槐树下，子轩和曹老师。】

曹老师：子轩啊，曹老师没想到，你会邀请我来参加毕业典礼。

子　轩：曹老师，因为有您的教导，我才会在学习和实践中有那么多收获。弟子事师，敬同如父。一日为师，终身为父。在我心里，您跟我的父亲是一样的。您毫无保留地传授知识，还总是鼓励我去关爱他人，为社会服务。从您身上，我学会的绝不仅仅是书本上的知识，更多的是做人的道理。您的嘱托，我会牢牢记在心里的，谢谢您！（向曹老师深深鞠躬）

曹老师：（激动地）好孩子，欢迎你以后常回母校来看看啊！

子　轩：嗯，一定！

【婷婷和爸爸妈妈站在长廊里。】

婷　婷：我还记得乐团第一次合练，老师们都来了，校长在我身后坐下，就像爸爸陪着我练琴一样。同学们聚精会神地跟着指挥老师的手势，我心里也好激动啊，感觉弹古筝的指尖生了风。第一次合练太成功了，校长带头鼓掌，同学们也跟着一起鼓掌。可是以后，我再也不能参加乐团排练了……

婷婷爸爸：以后，爸爸每天都陪你练琴。

【小文和爸爸妈妈站在鱼池旁。】

小　文：《最幸福的事》，作者：民族小学，小文；指导老师：赵蕊。去年冬天一直没下雪，快开春的时候，天空突然飘起雪花，对于我们小孩子来说是无比兴奋的，可是还在上课，只能隔着教室的窗户看外面的雪花慢慢飘落。正在这时候，学校广播响了，是校长的声音：所有班级的老师请注意，现在暂停上课，等待了一个冬天的雪终于降临，让孩子们到操场上尽情地玩雪吧！操场上到处都是同学，堆雪人、打雪仗，还有拿着树枝练书法的，那么鲜活的情景，简直就是春天的样子啊……

文妈妈：每一次开家长会，对我都是一次触动。我庆幸孩子留在民族小学读书，六年来，我亲眼看到了学校日新月异的变化，亲身感受到了孩子成长中的幸福，"做最好的我，在我最好的方面"这句校训也成了我工作中的座右铭……

【子轩和曹老师站在大槐树下。】

子　轩：六年来，学校就像我的家，老师就像我的爸爸妈妈！他们不只关心我的学习，还让我懂得了很多做人的道理。就像校歌里唱的："小孩子也有大志向，好学生就该做栋梁！"民族小学，我爱你，你给了我前行的勇气和力量！

曹老师：在民小这最后的十几年，也是我成长最快的一段时间。前些年，我曾对校长说过："校长，我恨您！我恨您为什么不早来十几年，那样，我能早点跟上时代的步伐。"鲁迅先生曾说："永不满足是向上的车轮。"是校长逼迫我们学习成长，让我们明确做研究型老师、提高自身素质是当下教师发展的趋势，这是管理，也是大爱。

学生1：我最喜欢吃学校的饭菜！每天吃得都不重样，还总能品尝出家的味道。记得一年级的时候，吃上一顿美味的午饭，成了我那时上学的巨大动力！后来我知道了，这些美食的背后，是老师们的关爱，是食堂叔叔阿姨的用心。这一切，都让我学会了"珍惜"！

老师1：在校园里，我经常遇到一些外校来学习和参观的老师们，他们都说："学校太美了！太有特色了！"作为负责后勤的老师，我知道这些美丽的背后，离不开各级领导的支持和投入，离不开各界热心人士的帮助。从一所薄弱校发展成今天的优质校，一路走来，如果用一个词来表达我们内心的感受，那就是"感恩"！

学生2：我是转学过来的，学校一百多门选修课，让刚刚进入民小的我眼花缭乱。最终我参加了足球队。教练的指导，同学的协作，让我在这个社团里迅速成长。当然也有遇到困难的时候，我还曾经找过老师，申请换一个社团。老师却没有同意，他说，既然选择了，就不能轻言放弃，"行百里者半九十"，只有坚持下去才能有收获。我把老师的话记在心里，继续跟伙伴们刻苦训练。现在，我们的

足球队获得了北京市的冠军，我也变得更加勇敢和坚强。

　　老师2：我要感谢学生的家长，像我们班的曹爸爸，只要班里有活动，他都带着专业的摄影器材，为孩子们记录下珍贵的影像，并精心做成纪录片，把同学、家长和老师们最美的一面展现在屏幕上，将这些美好的记忆定格。感谢每一位家长对民小的支持！

　　学生3：我也要感谢一位家长阿姨。那年，课间跑步活动，我跑得太快，不小心撞到了二年级的小同学。我把他扶起来，心里又愧疚又害怕，老师说要请家长来说明情况，我心里慌极了，他的爸爸妈妈一定很生气！谁知阿姨来了以后，摸着我的头说：孩子，没事，抹点药就好了，你不用担心。她还说：你主动承认错误了，没有逃避，阿姨不怪你，快回去上课吧。阿姨这么善良、大度，她用爱和宽容温暖了我，我也将这份爱传递出去，在学校中像大哥哥一样照顾低年级的同学。

　　王主任：时间过得可真快啊。每次在校门口送你们放学，我都想着，真好，明天早上又能看见你们高高兴兴来上学的样子，笑容都那么阳光，那么灿烂。但今天再送你们走出校门……就是毕业了。看着你们现在都这样有礼貌、守规矩、爱学习、懂感恩，就是我们做老师的最幸福的事情了。

赵老师：带着学校的祝福，勇敢地往前走吧！希望你们都拥有一个幸福的人生，美好的未来！无论走多远，记得常回来看看，民小永远是你们的家……

校　长：同学们，老师们，各位家长：今天，又有一批孩子要毕业了。我要感谢兢兢业业的老师们，你们对孩子们倾注了所有的爱，不仅传授知识，更教孩子们如何做事、做人；感谢家长们，我们民小是个温暖的大家庭，很多优秀的家长不仅爱自己的孩子，还将爱奉献给了学校里的其他孩子，带给大家感动；我要感谢孩子们，学校永远是因为学生而存在，为了学生而发展！这些天我一直在想，就要升入中学的你们，将给学校留下些什么？又会从民小带走些什么？民族小学是一所百年老校，先辈们筚路蓝缕、薪火相传，带给我们的是一种向着目标永不停歇的执着，是一种遇到困难永不放弃的精神，希望这种精神能够鼓舞到每一位师生，更希望每一位毕业生都能带上这种精神走出校门，在未来走得更稳、更远。同学们，让我们永不停步，做最好的自己，在我们最好的方面。

学生齐：做最好的我，在我最好的方面！

【校歌起。】

【大屏幕播放学校其他未能在剧中表现的重要事件及各项荣誉照片。】

【在校歌的尾声中，放大的校徽定格。】

75

第二篇 《做最好的我》原创剧本

感恩的心

——《做最好的我》制作人手记

海淀区民族小学原创校园剧《做最好的我》于 2019 年 5 月在校园公演，大获成功，得到了社会各界的广泛赞誉。源于学校的信任，委我以该剧制作人的身份参与这部剧的制作。该剧从主题构思、剧本创作到演员培训、舞台呈现历时将近两年，与其说这是一部原创舞台剧的成功，其实更是民小精神的凝结和展现。参与这部剧的创作，使我深入了解了学校精神的传承和发展，深刻感受到民族小学教育的理想和情怀。

相比制作人的身份，我更自豪的是我是民族小学的学生家长。孩子入学前夕，对民族小学的了解仅限于"道听途说"，百年老校、环境优美以及习近平总书记亲自视察过的学校……初为小学生家长，对传统教育的认识难免产生偏颇，可以说我是带着挑剔的眼光看待孩子入学的。没想到入学的第一年，我的顾虑和疑惑就被孩子班级的任课老师打消了。老师完全没有嫌弃我们是"零基础"入学的孩子，公平公正地对待班里的每个孩子，不论在基础素养教育还是个性拓展方面，都尊重孩子的成长规律，不急躁，不厌弃，保护孩子强烈的求知欲，引导孩子一步步建立良好的行为习惯和学习习惯。孩子每天特别喜欢上学，喜欢老师，喜欢睡前唠叨学校发生的每件小事。从孩子眼中我看到了闪亮、兴奋和自信，我知道孩子找到了心中的"巴学园"……感情是相互的，正是有了切身的受益，坚定了我对民族小学"和而不同，快乐成长"教育理念的认同，更愿意把这份坚定投入到对学校和老师的信任中。良性的家校关系彼此成就，身边越来越多的家长心甘情愿为班级和学校贡献自己的一份力量。正如马校长在新生典礼上所说的那样，家校合作，家校共育，家校共建，营造优质育人环境，使民族小学成为一个育人的有机整体。

当得知学校要做原创校园剧的时候，我是多么兴奋。作为从事传媒行业的一名家长，如果能用最擅长的视听语言把民族小学的故事和教育成果搬上舞台，用更加丰富、直观、多元的艺术手段传递家庭和学校的故事，让更多的人了解孩子们喜欢的学校，这将是一件多么美好的事情。

校园剧进入创作期，接触到学校更多的"故事"和"故事里的人"，我才真正了解这群教育者的理想和情怀，了解学校在教育探索之路上的艰辛和努力。翻看学校早期的资料，有一张照片印象特别深刻：马校长踌躇满志，站在学校旧址一片残垣断壁前，身后是高档小区堂皇林立的建筑，对比是那么的强烈和刺眼……一位三十多岁的年轻校长是怎样带领团队克服千难万难，在短短十几年间走出困境，把残破不堪的落后校建设成全国教育示范校。成绩和荣誉的背后，有太多的磨难和付出。前期的采访中，每每说到动情处，校长、亲历者以及主创团队都是热泪盈眶。"十年树木，百年树人"，一个学校的建设与发展，绝不仅仅是校园里多了几栋建筑、新来了几位优秀教师，民族小学发展的历史也是传统教育改革发展的历史，素质教育的践行史。这群前沿教育者肩负的责任有多么重，感情付出就有多么深。剧本整理阶段，主创团队被每一位"人物原型"一次次地洗礼和感动。不甘平庸、守正出新，勇于进行管理优化和教学改革的校长，在他的身上我们看到了执着追求的精神；毕业分配就来到民族小学的小姑娘，现在已经是经验丰富的优秀教师，在她的身上我们看到了坚守的情怀；春风化雨、循循善诱，不放弃每一个问题学生的班主任，在她身上我们看到了师者的力量；还有为学校捐献教学设备、提供资源的艺术家，默默无闻做好每一顿饭的校工……每个人都把满腔的情怀、无限的爱投入到学校建设。学校就像一个家，把每个人牢牢地凝聚在一起。每一个原型人物都是一个故事，如何通过这些真实感人的故事把学校的教育理念、育人思想这些抽象的概念搬上舞台，在编剧层面可以说是颇费心思。在学校精神的感召下，更多专业的行内人士加入我们的制作队伍，中国儿童艺术剧院院长、国家大剧院编剧、国家歌舞团设计以及中央电视台的摄制团队等为校园剧创作尽心竭力，精益求精。不得不说民族小学是一个开明开放的集体，给了主创团队极大的支持和认可，我们一遍遍打磨剧本、一次次推翻结构，大家的想法只为更酣畅地把民小的事、民小的人、民小的精神呈现给更多的关心教育、关心学校发展的人。

校园剧排练演出的过程，跟演员们共同经历了台前幕后的所有细节，我在每一位"演员"身上见识到民小精神的体现。演员甄选阶段积极踊跃，排练过程认真投入，舞台表演真诚流畅。他们是这部剧里的演员，但首先是民族小学普通的老师和学生，很难想象老师们白天要全心教学、管护班级，放学休息时间大脑要快速转换，配合导演组的调度和编排。把握不好的情绪一遍遍向导演组请教，不精准的走位反反复复练习，认真极致的态度我们看在眼里、敬佩在心里。制作团队里不止一位同事跟我说："之前认为公立学校的老师高高在上，冷冰冰的，没想到民小的老师谦虚好学，懂得尊重，又有韧劲。如果孩子能跟着这样的老师，真是非常幸运的事情……"整部剧牵扯人员众多，除了主要演员，还有学校多个社团、上百名学生参与排练和演出。公演阶段连续三天六场的高强度表演，对专业演员都是考验，可是参与校园剧的每一位演员和幕后工作人员不怕困难、不惧压力，铆着劲"做最好的自己"。学校给予极大的支持和后勤保障，家长们更是热情高涨、全力配合，大家齐心协力，"把有意义的事情做得有意思，让有意思的事情变得有意义"。原创校园剧《做最好的我》公演大获成功，是每一位民小人难忘的记忆。演出现场的掌声和呐喊，演出后各方面的赞誉和好评，是对民族小学精神面貌和教育成果的最好肯定。

　　"大槐树，年年槐花香，四合院，天天书声朗……"每每回想起校歌熟悉的旋律，心情还是久久不能平静。多大的幸运啊，孩子能够在民族小学有礼有爱的环境中长大，作为一名普通家长，也能参与原创校园剧的创作，共同见证学校的发展历程。正如剧里的台词"民小是个温暖的大家庭""民小永远是你们的家"。再次感谢学校的信任，感恩有爱的集体，为民小精神感动。

中央广播电视总台编导　王祺宇
2020 年 6 月

难忘， 做了回真正的自己
——《做最好的我》导演手记

对北京市海淀区民族小学的第一个认识，要从两年前受邀观看学校民乐团的音乐会说起。民族小学有一个堪称"金牌"的学生民乐团，而这场音乐会让我看到这所学校具有非常好的素质教育的氛围。因为一个小学能做成这样的音乐会，它的师资队伍一定是在背后做了大量的工作。从那时候我也开始琢磨，怎么去为它做这部校园剧，并着手进行阅读资料的案头工作。

而再次走进民族小学，走到每一处去了解它现在的风貌，校园给了我很大的震撼。这么一个美丽的校园，它竟然是在从前那么破败的一种环境中崛起的，在校长和老师们的努力下艰难又如此坚决地"改头换面"了！这一下就让我仿佛置身在历史与当下的交界处，对校园剧的创作有了新的冲动。

经过前期调研的努力，文本上展现在我们面前的是一段可歌可泣的历程。但要把一段历史以戏剧的形式展现在舞台上，仍需要做大量的工作。在主创人员多次探讨论证的过程中，我们逐步捋清了思路，找到了认为可行的戏剧行为，编剧对此前的文本进行了更加细致的创作，让我也有了可抓取的展开导演创作的材料。初稿出来后，得到了校方的大力支持，让创作团队能放手进行下去。

这部戏剧作品与我以往在院团接触的不同，因为角色全部是由老师和在校学生来扮演的。在选角过程中，我看到了老师们高涨的热情，也看到了大家对学校的史实由戏剧舞台去演绎的好奇、憧憬。经过面试和斟酌，我们最后选定了两组演员。进组的老师们在完成本职工作之余，抽出了大量的精力和时间投入排练中，每个人的剧本都有属于自己的笔记和符号，还经常问问题，不断研究自己要塑造的人物，极其认真，让我们创作团队非常感动。

通常来说，一个戏剧作品如果是专业的团队来演绎，那选择的演员必定要经过多年非常严苛的训练，积累了大量舞台经验，并通过了精准的选角面试的层层筛选。但这部剧有它自己的特殊性和必然性，它必须要由本校的师生来完成，就像是新一代民小人以这样一个仪式去继承厚重的历史和前行的使命，这是它的一个宗旨。演员与教师虽然是不同的职业，但是在具体工作中，也有一些相同的地方，他们都是将作品，或课文，或习题，经过自己的研究、理解、挖掘，寻找到一种方式，并通过自己"声情并茂"的能力去传达给受众。演员的受众是观众，教师的受众是学生，都是要求"表现力"的，所以两者是有共性的。而教师来当演员，在这个剧中要表现的又是自己学校的事情，这就让我看到了呈现精彩的可能。

既然我们选择与师生合作，那么在排练过程中如何保护他们的热情、挖掘其特性，通过循序渐进地启发、引导、示范的方式，将人物塑造的个性慢慢渗透到每位老师同学身上，就是我们一个重要的工作。其间我们也反复告诉老师和同学们，千万不要背上"成为专业演员"的包袱，放松下来，以一种抒发教育教学情怀的心态投入剧作，但不管水平如何，一定要以一颗热情的心、感恩的心去理解、去表现舞台上发生的一切：有些是你的经历，有些是你的所闻，但都属于你的专业范畴。整个排练过程中，我们始终相互信任，彼此尊重。作为导演要培养他们的自信，适时鼓励，而老师和同学们也是全力以赴，每一遍排练专注如一，一次比一次进步。跟专业演员相比，虽然他们欠缺表演技巧，但是他们对舞台的热忱、做事的态度是相当专业的，我想那是因为他们把舞台当作神圣的讲台一样对待。

首次联排汇报后，必然会暴露出一些问题，校方的领导班子在寒假期间也是全力配合，大家一起对于关键事件和关键台词进行了修改，让排练更顺利地进行下去。制作部门做了很多工作，统筹各部门的工作配合，对舞蹈队、足球队、朗诵团队、乐队等社团展示环节进行了精彩的艺术加工，使之在演出中愈加风采亮丽。这是一场大阵仗的活动，涉及很多社团，能协调好不容易。同时，学校对创作团队的后勤保障也是非常到位，大大小小的事情都很周到。特别是看到家长们对我们戏剧创作工作的肯定，为了支持孩子们来参加演出，协调孩子们的课余时间，排练期间在门口静静等待，我们很感动。首演之后，观众给了很多评论，有一条让我印象特别深："你们这台演出是不是有专业人员？"看似很普通的评论，这里头就是对我们整个舞台呈现的认可啊！这让我特别激动，觉得这一切付出都是值得的。

这部剧作之所以能顺利、完美地收官，离不开马校长的全力支持。校长信念坚定，用人不疑，雷厉风行，遇到问题就及时解决问题，绝不拖泥带水，让主创人员大受鼓舞，跟民小的合作让我们觉得"酣畅淋漓"。从剧本创作到舞台呈现，如何能准确地反映出民族小学独到的教育理念也是一个难点，主创们夜以继日地不断探讨和再思考，我想在这个过程中，每个人也都做了一次"最好的我"吧。

中国儿童艺术剧院　李小刚

2020 年 6 月

专业塑造　用心凝练
——《做最好的我》编剧手记 1

创作此剧时值 2017 年的秋天，离现在差不多有三年了。许多创作的情景历历在目，真令人感到时光荏苒啊。那年，我接到这个创作任务时，前面已经有编剧写过一稿。在与导演等主创团队商讨后，决定对已有剧本进行大幅度修改。一是让剧本的主题和主线更加凝练，删去不必要的枝叶。二是让剧中的人物个性更加鲜明饱满，让主角贯穿全剧，并照顾到每个出场人物。三是让剧本的场景更适合舞台呈现，同时又体现出巧妙的构思。在修改剧本的过程中，我也体会到民族小学"做最好的我"更深层次的寓意。

确定主题

作为编剧，我们一般先要考虑这个戏的主题是什么。不同的题材和不同的剧种，在表现主题上也是不同的。就像儿童剧，跟其他的戏剧在主题表达上就有很大的区别。同样，校园剧在主题的承载上，也有它独特的地方。首先，它的观看对象很明确，就是全校师生及学生家长。其次，它的演出意义也很明确，就是让观众通过此剧了解学校的历史和成就，同时领悟教育的目标和成才的途径。

但是，一个学校的历史实在太浩繁了，所取得的成果也包罗万象。重点表现的内容是什么？经过一番考量以及综合各方的意见，我们终于将"做最好的我"定为本剧的主题，同时也是本剧的剧名。一方面，这个主题符合民族小学的教育理念，与习近平总书记对民族小学的寄语也相契合，同时富有审美意蕴。另一方面，我们觉"做最好的我"在情节体现上有很好的故事张力，能在此方向上挖掘出比较有趣的人物角色。

布局情节

确定好主题之后，我们就要在大量的素材中寻找具有代表性的事件。这些事件既要有故事性，又要跟校园剧的特色融合起来。如果事件不能体现出校园剧的风格，再精彩的故事也得舍弃。

在情节的结构上，我们使用了"双线模式"。主线是校长为了民族小学的发展而克服种种困难，副线是赵老师在民族小学的成长与奉献。应该说，"双线模式"有它的好处：一是避免了套路化的创作；二是以一个老师的成长作为副线，既丰富了全剧的人情味，又让师生观看的时候更具有亲切感。

在情节的布局上，第一幕是"砥砺前行"，第二幕是"前路漫漫"，第三幕是"百花齐放"，第四幕是"不忘初心"，尾声是"永不停歇"。认真体会，可以发现这几幕其实都有内在的行动线，同时是跟民族小学的校史结合在一起的。

在表达方式上，我们采取了以小见大的手法。虽然这个戏讲述了民族小学的厚重校史和教育理念，但我们选择从感人的细节入手。例如，校长背一个受伤的学生，校长观察到小文同学的内心世界，以及尾声的感人发言等。说到底，以小见大的目的就是让情节更贴近生活，更贴近师生的内心世界。一个戏只有打动了观众，它的意义才能更好地传达给观众，同时在寓教于乐中潜移默化地让观众接受。

塑造人物

塑造人物，是戏剧的核心问题。所谓写戏，其实就是写剧中人物关系微妙曲折的发展变化过程。抓住了人物的性格方式与心理动机，就抓住了戏的根本。因此，我们在人物的塑造上颇下功夫，力求每个人物有丰富的前史以及浓厚的情感因素。

校长是一个慈祥、稳重的角色，眼睛里闪烁着知识分子的智慧。他对自己的学校有强烈的认同感，总是把校徽别在衣服上。刚接手学校时，其先进的办学理念一度被质疑。最后他通过实际的行动和付出，逐渐得到老师的拥护和社会的认可。

赵老师大学刚毕业来到学校，读书时成绩优异，深受学校赏识。外表阳光，有一点理想主义，还有一点浪漫主义情怀。手里经常拿着普希金的诗集，走到哪读到哪。对教学和教育有自己独特的理解，希望在学校里实现自己专业上的抱负。

曹老师性格古板、保守，严肃正经，热衷传统文化，但他对教书育人很认真，有责任心。爱穿干净的白衬衫，头发一丝不苟，戴着框架眼镜，鲜少露出笑容。衣服口袋常年别着英雄牌钢笔，装着小本。希望踏踏实实做一辈子普通教师，工作上不出错，默默教书。从反对到逐渐认可校长的办学理念和赵老师的"现代派"教学方法，最后反思自己的教学方法并取得突破。

除了这几个重要角色外，我们在学生的个性塑造上也下了很大的功夫。

小文，心思单纯而细腻，聪明，有教养，喜欢小动物，但在妈妈的"国际派"

教育理念下心理压力很大，面对即将转学很焦虑。

婷婷，因为家庭近况造成性格自闭，不合群，拒绝与同学交流。赵老师对其悉心照顾，并在无意间发现其音乐天分。在校长的支持下，学校成立了民乐团，婷婷也成为其中一员，敞开了自己的心扉。

子轩，出身于普通工薪家庭，父母一直在社区做志愿活动，他从小就广泛接触各类社会角色，是个正直勇敢的孩子，善于观察生活，爱动手动脑。他发现社区的成年人也很喜欢阅读，只是缺乏一个良好的环境。他在父母的鼓励下，为社区做了一个爱心书屋。通过子轩的故事，体现出习近平总书记所说的"做最好的自己"。

美好的经历

说真话，我在整个创作过程中，本身也收获很多。无论是民族小学的先进教育理念，还是学校老师认真排练的态度，我都十分感动——这是我的人生财富之一。与其他的校园剧相比，参与《做最好的我》的过程中有种被尊重的感觉。我觉得，这个剧本最令人满意的地方，在于它有完整的故事，情节的发展也有内在的逻辑关系。此外，剧中的人物角色都拥有丰满的个性，并不因为是一个"命题作文"而忽略了人物的塑造。整个剧看起来，充满了种种的人间情味。本人也曾为其他学校创作过同样的校园剧，但由于对方的要求过多，无论是主题、情节，还是人物、结构，往往都不那么符合戏剧的审美。因此，谢谢民族小学的信任，谢谢主创及幕后人员。《做最好的我》这部戏让我的专业得以发挥，每每想起，我都觉得自己是幸运的。

中国国家话剧院　钟海清

2020 年 6 月

五月花开，有心人常在
——《做最好的我》编剧手记 2

结缘——从慕名到置身其中

第一次去民族小学，只是为了帮朋友参谋下孩子要参加的诗朗诵表演，还不曾想到有为校园剧工作的缘分。那是夏日下午的四点多钟，太阳西斜但依然灿烂，一片金色铺在绿茵场上，一群男孩子像小豹子似的盯着一个足球，训练有素，脚下生风，场面甚是好看。他们皮肤都是一般黑，跑至阳光够不到的地方时，只能凭借球的滚动判断那有个人，肤色已经跟四周的阴凉融为一体了。可想而知，得是孩子真的热爱这个项目，家长才舍得让晒成这样吧。休息时，小男孩看到家里大人就奔跑近前，一头的汗啊，但笑得也真开心。后来一听见哨子响，头也不回又跑回队伍里，一点儿也不留恋大人的怀抱。后来再次见到这支少年足球队精绝的表现，就是 2019 年 5 月的校园剧公演了。

第二次了解民小，是听说学校要为一个学生举办个人演唱会，这孩子虽是小学生，但他喜欢原创，电音、爵士似乎都有融入。那时我已经走访过北京多所小学，不免再次感慨，民族小学太"敢"了，得是多么开明的领导班子，才能同意为一个学生举办这样一场制作上相当专业的个人演唱会，邀请其他学生来观看，有绚烂的灯光，有同龄人伴舞，这在所谓重视学生个性成长的国际小学都是不曾听闻的事情。

第三次的缘分从 2018 年的 9 月一直到 2019 年的 5 月，进组校园剧《做最好的我》，在排练厅里一待就是小半年。最终决定接下这个项目，也是出于对前面提及的两个场景的"幕后策划人"的好奇。我也想一睹这群教育工作者的真颜，听一听他们的故事。终于，2018 年的秋天，我们走了进来。

民族小学的校园建筑特色一如其名，具有浓郁的传统文化风格，还设置有书法长廊、非遗展览区等文化角，对培养孩子们的民族认同感、建立文化自信、滋养爱国之心，有潜移默化的作用。而走进教学楼，又能看到学校为具有滑雪、击剑、美术等特长的同学做的特展海报，真切感受到校长确实是"像办大学那样办小学"，始终鼓励学生打开国际视野，择其善者，兼收并蓄。

如果不是看到那一张张记录建校历史的照片，真的很难将眼前的这片丽景与老照片上的平房土墙联系在一起，还以为自己只是听了一个传说，梦醒而已。资料室的一个个文档就那样摆在眼前，我们至少翻阅了近千份照片视频，跟着影像一起，在脑海中将民族小学的一砖一瓦从头垒砌了一遍，将一草一木重新栽种了一遍。其人其事壮哉，壮哉……

致敬——从老师到演员

留恋民族小学食堂香喷喷的午饭，菜色鲜亮，滋味鲜美，营养搭配全面；更留恋的还是一幕幕工作场景，那些人，那些事。选角的时候，总导演反复说过一句话：希望每位来参与的老师和同学，都是心甘情愿的。这件事真的很重要，因为我们知道老师们还有自己的教学任务，课余时间还需要备课或与家长沟通，也需要有自己的个人生活。而学生们放学后也有作业、兴趣班等安排，也会间接影响到家长们的生活安排。如果是被迫来排戏，即使这个角色与个人的经历再贴近，心里面有杂念，有诸多牵挂的事情，也无法用心去贴近角色的心，在舞台表演上就会"不准确，不合理"，甚至影响到其他演员和部门的工作。没想到每位演员都把自己的日程表做了优化处理。从进入排练场的第一天，一直到公演的那天，只要一上场，老师们的眼里就溢出神采，候场的老师也时刻盯着台上，生怕自己节奏慢了，影响到同伴。有一次排练间隙，一位男老师坐着就睡着了，同事说他是班主任，临近期末了工作非常忙碌，但他也是主要角色，不能耽误排练，今天看样子实在是太累了。我们特别理解，也特别心疼这位年轻的老师，晚上排练到七八点，还要坐两小时地铁回家，路上可能还需要处理班级的事务……但到上场时，他全无睡意，能量十足地投入到排练中，绝不给同伴添麻烦。那一刻，理解和心疼都变成了对老师们的敬意。

感动——从讲台到舞台

老师们对舞台的热情绝不亚于对讲台的热情，虽然都是第一次参与戏剧舞台的排演，但因为同在民小工作，加上教师职业的责任心，他们自带强大的团队默契和凝聚力。跟民小的老师们一起创作，就像跟朋友们在一起，合作过程很舒服，工作节奏很紧凑，效能高，每一秒都被利用得很好。年轻的老师幽默健谈，年长的老师儒雅随和，都非常热情、谦逊，这是一个让我觉得非常有亲和力的师资队伍。他们每个人的剧本上都是条条线线的笔记，暂时不需要排练的老师会悄悄挪到编剧身边，希望再多了解一下自己所饰演的角色。可贵的是大家还能以"师"论"师"，因为自己就是老师，所以也特别能理解这些角色，会主动说出关于角色的认识来共同探讨其心理和行动的合理性。比方说，学校的一位年轻的书法老师也参与了演出，通书法，懂诗词，还为我们剧本相关部分提供了宝贵的意见，颇有

做最好的我——原创校园剧创演纪实

学识，让我受益匪浅。

闪亮——从教育的光到孩子眼中的光

看一个学校的教育如何，要看孩子的眼睛。民小的孩子眼睛里有光。最初是见到参与剧目演出的几个孩子，他们一点都不惧怕"生人"，没有排练任务时或写作业，或干脆围坐在副导演和我旁边，跟我们聊戏，还主动和我们分享加餐的小点心，彬彬有礼，又活泼开朗，具有很好的社会交往能力。每个孩子的笑脸和刻苦都让人难以忘怀，特别是一个戴眼镜的圆脸男孩，他有几段台词很重要，篇幅也长，最初他的表演节奏不稳定，一拖沓就拖慢了下面戏的节奏。经常你一转头就看见他自己站在角落，反反复复、反反复复地练习。其他孩子也是，每次喊谁过来抠台词，立马就过来了，没有一丝不情愿。后期的排练需要加入民乐、舞蹈、足球、武术等社团，也看到了很多孩子，走在校园里也会碰到其他不参与演出的学生。不难发现，几乎每个孩子眼里，你都能看到那种光，大大方方，不惧外人，就是那种在精神食粮富足的家庭，有父母关爱着长大，被尊重、被平等对待的小孩的眼睛里流露出的健康自信的、小主人的眼神。我想，民族小学就是这样的一个家园吧。

美好——从一片枫叶到一个孩子

其间有一个小故事，我的一位朋友打小在马甸附近长大，对成长地很有感情，按政策他的孩子也是能就读民族小学的。但就像我们剧本中的文妈妈，她在公立小学和国际小学之间摇摆不定，知道我走访学校较多，来求建议。时值剧本编创期间，我把对民小的了解一五一十与她相说，让她自己参考决定。就在前几天，我看到她发的消息，说"今天办了一件大事"，配图则是民族小学的牌匾，孩子成为民族小学的一年级新生，甚是为她高兴。

如果你同我一样有幸踏入民族小学的校园，你一定会发出跟我一样的惊叹："这里的枫叶怎么那么大！"校园剧收官的那天，最后一次站在校门口，再次看过这个校园的时候好像明白了，因为这是一片人格教育的沃土，它允许任何有益学生身心的事情发生，它的领航人也一直在身体力行去实现那些看似的"不可能"，让每一处的人和物都能做最好的自己，在他们最好的方面。

致《做最好的我》首演一周年。

六一艺术团　邹坦

2020 年 6 月

一滴水， 也能映出太阳的光辉
——《做最好的我》演员手记 1

一滴水，也能映出太阳的光辉。我们学校就是这滴水，学校这百余年的发展正是映出了国家蓬勃向上的光辉历程。同时，我们这部剧也是这滴水，一部戏剧映出的正是这所百年老校的教育情怀与责任担当。

我们这部校园剧，真实地还原了学校那段奋斗的历程。我饰演的角色是校长。作为一名年轻教师，能够深入地走进剧中，走进角色中，能够以一校之长的身份走进当年那些个复杂的现实环境中，是何其的幸运。

为什么说是幸运呢？从进入民小这个团队中，就一直听说民小发展的历程是多么的艰辛。但直到真正走进校长这个角色，真正走进当时的环境中，我才真切地感到办一所好学校的不易。

"不搬！不搬！就是不搬！"

这是抱成团的商户在无理取闹。

"你们校长收到传票了吧？"

这是个别租户将校长告上法庭。

将属于学校的教学用地拿回来办教育就那么难吗？当你应对这面对面的挑衅与无理取闹时，当你频频走上法庭打官司时，你还会坚持吗？

"我们要办一所让人看得起的学校！"

这就是校长当时的决心与初心！哪怕是面对一群人的吵闹，哪怕是被告上法庭，也要坚决把教学用地拿回来，给孩子们一个安全的、安心的学习环境！在演这段戏时，这种面对面的冲突让我真切地感受到了压力、感受到了冲击与威胁，内心甚至有一丝丝胆怯，但更多地感受到的是一种力量，就是这种力量让我能够有决心、有底气地坚持要改变。在彩排时还说不太明白这种力量来自于哪，但是在正式演出时我知道了这力量的源泉。就当我面对着一众小贩，喊出那句"我们要办一所让人看得起的学校"时，我听到了台下家长和学生的掌声雷动。那时，我明白了：这种决心、这种力量就是来自于学校周边的老百姓们，来自于他们的期待。他们期待家门口有一所优质的学校。有了这种体验，我才真正懂得了一个校长、一名共产党员对教育的初心。我也明白了只有把家长们的期待、孩子的成长放在心中，才会让我们教育者的心更坚定，更有力量。

　　写到这，让我想起了我第一次跑马拉松的经历。在比赛前几天，同学们得知我要去参赛，都纷纷表示要到终点为我加油。我当时也没有当真，以为孩子们只是在鼓励我。参赛当天，当我跑到 20 千米处，便觉得腿部肌肉又酸又疼。我感到我可能跑不下来，因为还有一多半的距离呢。就当我停下来缓步走的时候，我突然想起了孩子们的话。他们真的会在终点等我吗？如果等不到我怎么办？毫不夸张，我当即就感受到了那种期待带给我的力量，我不能让等在终点的同学们失望。于是我由慢走慢慢变成快走，最终又跑了起来。当我快接近终点时，我已经跑了五个半小时了，跑道上已经没有多少人在跑了。我想如果有孩子来，也一定都回去了。可就在这时，我听到了呐喊声，他们在喊"于老师"，我看到他们的笑脸上满是惊喜与骄傲。我知道，我没让他们失望。我也特别感谢他们的期待带给我的力量，是他们让我没有放弃。

　　所以，我由衷地感到办教育离不开这份决心，但更离不开爱心。

　　"他确实没有捞鱼。"

　　这是校长对学生的一份理解与信任。

　　"婷婷，你想参加乐团吗？"

　　这是校长对孩子的一份体贴与期待。

　　这份理解、信任、体贴与期待都来源于爱。没有爱，就没有教育。如何爱学生，对于我们青年老师来说真的是一门功课。这部剧告诉我们：爱，是走进学生的心中，从学生的角度考虑问题，想其所想。这部剧还告诉我们：爱，是帮助学生成为最好的自己。也正是基于这两点，校长才能打开学生的心结；校长才会想尽一切办法成立各种各样的社团，帮助同学们成为最好的自己。得益于这部剧的启发，我开始关注每一位同学的成长，一改班级只有少数班干部的局面，将学校提倡的项目制工作方法运用到了班级管理中。在班级里设立了学习部、书法部、体育部、卫生部、纪律部、宣传部、音乐部、志愿者部。孩子们根据自己的兴趣和才能选择部门。每个部门的部长任期为一个月，部门内选举，这样每学期每个同学都有机会担任部长。在任期间部长要组织两个活动。任期结束后，全体同学对部长的表现进行评价。

　　我还鼓励学生积极参加社团，同时又根据每一位同学的兴趣和才能积极向社团老师推荐班级学生。经过一段时间的努力，也得益于民族小学丰富多彩的社团，我们班的学生几乎都拥有了自己喜爱的社团。我努力发现每一位学生的闪光点，把自己当作学生发展的知心人，帮助学生"做最好的我，在我最好的方面"。

办一所让人看得起的学校，不仅要有决心、爱心，必不可少的还有一颗慧心。

校长为了解决学校办学资源不足的问题，将家长请进课堂，开展家长大讲堂活动，极大地丰富了学校的办学资源。我想这就是慧心——面对困难，总能找到解决问题的办法。

所以说，我是幸运的。通过参与这部戏剧，让我真真正正地感受到教育者的不易与光荣。在参演这部剧的过程中，一分一秒、一字一句、一招一式都像水滴一样，灌溉着、涵养着我的那份教育情怀。

我们这部剧之所以能够反映出学校的发展历程，多亏了主创团队的精心打磨。从剧本创作到选角、台词、调度、舞台、灯光等方方面面，无一不渗透着主创团队的心血与智慧。

李小刚老师是我们这部剧的导演。李导面对我们，总是呵护与鼓励，从不见批评，总是耐心地给我们说戏、导戏。关于李导，我印象最深的是"眼泪"。那是我们第一次给校领导演。记得那次，我们还在演着时，李导便控制不住情绪了。我当时还不太明白为什么，我们几个纯业余的演员能把经验丰富的李导演哭吗？我们的水平有如此之高吗？后来我才明白，这眼泪来自于"真"。一方面，李导经常跟我们说，你们不要考虑表演技巧，最重要的就是呈现出"真"来。把真感情呈现出来，就是成功的。我想，我们当时做到了。另一方面，也可以看出李导的"真"。他总是真心为我们鼓掌叫好，真正地全身心投入其中。最后，我想这眼泪还来自于李导对戏剧的爱的"真"。虽然李导从不批评我们，但李导总是潜移默化地将戏剧本真的样子、真正的魅力传递给我们。我想，李导的眼泪中一定包含着对戏剧的爱、对这部剧的爱和对我们的爱。在此，真心地感谢以李导为首的主创团队，是他们将我们学校的这段历史完美地呈现在大家面前。

这部剧是一滴水，我们演员也是一滴滴水。我们终将带着办一所好学校所需要的决心、爱心、慧心与真心汇集到一起，映出学校那五彩斑斓的未来。

剧中校长扮演者、北京市海淀区民族小学教师　于昊

2020 年 6 月

梦想的轮回

——《做最好的我》演员手记 2

时间向前流逝，回忆向后延展。记得那天，升旗仪式上孩子们洪亮庄严地宣誓"做最好的我，在我最好的方面"的时候，我能感觉到身体里一股股的热浪像电击般敲打着心脏，眼眶里有些许湿润，但抑不住嘴角上扬的力量。

就在控制着内心想冲上去拥抱孩子们的冲动，定定地看着他们稳稳地谢幕下场，等待着升旗结束后向孩子们祝贺成功的那一瞬间，我的脑海中浮现出半年前自己在学校校园剧舞台上谢幕时看到的两个人的神情，一位是让我们的学校焕然一新的马万成校长，一位是执导我们民族小学校园剧《做最好的我》的李小刚导演。两位有着极高生命热情、极强使命感的长者，用他们眼中闪烁的光让我们这群普普通通的教师在另一个绚烂的舞台上燃烧了一次，圆了我们的一个梦想。而这一次，在孩子们在学校的最后一次升旗仪式上，我也用心中曾经保留下来的火种点燃了他们。

看着眼前落落大方的孩子们，我突然间看到了和他们一样大的时候的自己。那时候，我因为遇到了一位普通话并不标准，但却喜欢用全部热情朗诵文章给我们听的语文老师，而爱上了朗诵，爱上了语文。也因为这样的一份爱，不管在哪里学习，在哪里工作，冥冥中都会有朗诵、主持甚至表演的机会出现在我的身边。也因为这样的一份机缘，我在各种各样的舞台上尝试过，我小小的梦想感动过别人，也感动过自己。

一年前，我刚来民族小学，可以说，对于这所学校的了解就仅限于她是一所花园般的百年老校，习近平总书记曾经来过这里，和这里的孩子们过过"六一"儿童节；这所学校现在已具一定规模，一直在践行着前沿的教育理念，一切都在朝着好的方向发展，我也希望自己的教育梦想能在这里实现。接到校园剧试镜通知后，我从最开始老票友过戏瘾的心态中慢慢平静了下来，渐渐慎重了起来，因为这次和以往都不一样，所有的一切都按专业的要求开始了。

试演的时候，一群导演和学校负责校园剧的几位老师坐在那里，听我们朗诵、唱歌，看我们表演才艺，要求我们分享生命中让自己感动的故事。他们认真地听，认真地记录，认真地讨论。那样的氛围让我们这群身经百战的老师也变得像孩子一样有些紧张，有些忐忑了。大家都尽力地展现着自己，都希望能在学校的话剧中出演。当演员名单确定下来以后，不管是什么角色，每一位老师都跃跃欲试，全力以赴地准备起来。很有幸，我被定为戏中的主演之一——饰演一直默默陪伴、支持校长走过来的王主任，这是一个在整场戏中穿针引线的重要人物。虽然没有太多大段大段的台词，但是很多起承转合的地方都会有她的身影，这就需要人物的情感表达合理，要符合年代跨度的需要，要准确地表现出学校发展的脉络。这对于初来乍到的我来说，真是一个不小的挑战。

我已经记不清开了多少次会讨论剧本、讨论整部戏的架构了，也记不清调整过多少次剧本、台词和舞台走位，去揣摩人物的心路历程了，更记不清多少次排练完，夜色中在回家的路上还念念有词地磨着戏了。只知道，在每次排练前的说戏中，在和其他同事的对戏中，在聆听马校长和王书记对过去点点滴滴的回忆中，我开始对这个人物有了理解，有了一种贴近，似乎更能懂得她的每句话、每个动作甚至每个表情背后的情绪和用心了，更透过她触摸到了学校发展的脉搏，似乎又陪着她走了一遭那泥泞坎坷的路。再在校园里流连徜徉的时候，学校里的一草一木、一椅一凳、一廊一院似乎不再是我单纯欣赏的风景了，它们的美不再是理所当然的存在了，更像是一种熟悉的召唤，一种情怀的表达。我开始渐渐明白马校长、王书记和学校的一些老教师们为什么喜欢在校园里散步了，为什么说起学校的枝枝叶叶都如数家珍了，为什么像护着家一样照顾着这个校园了。因为，这个美丽的校园是在一堆废墟上，靠着主人翁们对教育的热爱和责任感一点一滴地建起来的，背后倾注了多少心血，寄托了多少梦想啊！

记得排第四幕戏的时候，我和饰演校长的于昊老师有一大段交流的对手戏，我们俩的台词都很多。在说戏的时候，这些词就像朗诵的诗歌一样，很美但是没有生命，我们俩总也找不到台词背后的情绪，表达出来的状态就很别扭。李小刚导演不急不躁，不厌其烦地跟我们聊他心中的这两个角色——一位是有着赤子之心、执着刚毅的领路人，一位是同样有着教育情怀、坚韧善良的同路人，他们之间有着心心相印的革命情谊。说到这里，李小刚导演还扮起了孙悟空，唱起了《敢问路在何方》。那个时候，我突然觉得校长的梦、李导的梦、我们身边每个人的梦都是那么美好，那么纯粹。就这样，我们一句句地排，一场场地练，力求把我们学校的梦想完美地圆在学生、家长、老师和所有想要了解我们的人们面前。

终于，我们迎来了三天六场的正式演出。绚丽的舞台，逼真的布景，专业的声光，座无虚席的场地，梦想的舞台，最好的舞台就要打开了。无数次，我们都在假想这个瞬间，当真的幕布开启，真的灯光打在我们身上的时候，我们看不到台下，顾不了许多，所有的台词动作都自动地在情绪的支配下呈现了出来。我们知道，这一刻只有把平时排练时的所有要点都准确无误地表演出来，才对得起这痛并快乐着的365天，才对得起导演团队的辛苦付出，才对得起学校领导们的全力支持，才对得起我们的这个梦！

　　这三天里，学校领导们一直陪着我们，马校长和李导演更是每场都能给予我们最中肯有效的指导，碰到不稳定的状态，他们不着急，不生气，而是给我们鼓励，教我们方法，让我们一场比一场表现得更笃定，更出色。

　　记得最后一场谢幕时，校长和导演眼里都闪着泪光，脸上都挂着笑，所有的演员都对这个舞台依依不舍。那天的观众是五年级的学生和家长们，演员里也有不少在五年级任教的老师，到现在我都能清楚地记得孩子们脸上流露出来的惊喜、羡慕和骄傲。他们没有想到，学校不仅仅一直在为他们搭建丰富多彩的舞台，让他们做最好的自己，有无限的可能，也让平日里朝夕相处的老师们散发出了灿烂的光芒，做了最好的自己。这是一所多么神奇的学校啊，让这么多不同的人在同一个舞台成就了自己。和而不同，美美与共当如是！

　　一次美丽有趣的圆梦之旅就这样结束了，在些许的怅然若失之间，我竟发现这个梦想长出了翅膀。

　　原本这个我刚接手的班级的孩子们不太善于表达，总是怯生生的。很多家长也不太习惯孩子进入高年级后出现的变化，还有很多地方舍不得放手，也对我自主学习、自主管理的理念有很多不理解的地方，平日里我就没少花时间在这些事情的沟通交流上。但是在校园剧的成功演出后，我发现学生和家长们看我的眼光中多了一份信任，这不仅仅是来自于对我们演出的认可，更是来自于学校教育理念的感召。而我的课堂也在悄悄发生着变化。如果说以前在课堂上的泛读是一种教学手法的呈现，那么现在在课堂上指导孩子们表演则是一个尝到梦想甜味的人在全情分享，这样的感染力是孩子们难以拒绝的。渐渐地，孩子们在课堂上开始变得主动、变得有想法了，你能从他们的眼神里看到一种光芒。

　　我们马校长有一句口头禅：要把有意义的事情做得有意思，要把有意思的事情做得有意义。我们民族小学每周一的升旗仪式就是这样去践行的。每个班轮流承办一场升旗仪式，主题和形式由班级自定，要对孩子们有教育启迪的作用。从刚开始做这个活动到现在，升旗仪式成了每个班级最期待也最重视的活动之一，因为，孩子们要在全校师生面前去展现自己班级的风采，这对他们来说是一件无比重要的事情。

从我们班接到新学期第一场升旗仪式的任务开始，我就和孩子们在网络上通过投票确定了"你好，六年级"这个主题。当我们商量、琢磨着用什么方式来展现这个主题时，没想到孩子们羞涩地告诉我："陈老师，我们也想像你那样当一次演员，把我们在学校的生活演出来……"当时，我难以抑制心里的激动，就像看到了当年的自己，在小小的心里悄悄种了一颗梦想的种子。为了这个梦想，我学起了李导演，我像他那样一板一眼地去定脚本，去给孩子们指导表演，去整合家长的资源打造整个舞台，力求让每个孩子都能站在民小的舞台上展现他们的风采。于是乎，有了文章开头那场让孩子们终身难忘的升旗仪式。看着他们自信的表演，我在想，这算不算给孩子们系好了人生的第一粒扣子呢？他们会不会像我一样，也有缘能碰到一个实现梦想、创造梦想的舞台呢？会不会有一份属于他们的美好未来呢？

会的，会的，因为他们是从一个和而不同，快乐美丽的大花园里来的！因为这里有着一群生机勃勃、满怀善意的人，他们一直没有忘记使命，一直在锲而不舍地践行着初心，在圆着自己的梦，也在圆着大家的梦！

剧中王主任扮演者、北京市海淀区民族小学教师　陈坤

2020 年 6 月

与"小赵老师"一起成长的日子
——《做最好的我》演员手记 3

有人说:"我们在变化中成长,如果你拒绝了变化,那新的美丽和机遇也将远离你。"于是,幸运的我,在刚刚加入民族小学不久就遇到了这样一个难得的机会:扮演校园剧中的"小赵老师"。就这样,偶然的机缘,"小赵老师"与我相遇,住进了我的心间,给了我成长与变化的力量。

2018 年年末,一个冬日的午后,我和北校区的其他老师们接到通知,要去南校区参加校园剧演员的海选。起初,我抱着重在参与的心态去面对海选。我是一名美术老师,虽然艺术是相通的,但是画画和演话剧还是相隔十万八千里,所以我没有丝毫的紧张。轮到我上场时,我小声地朗诵了一首现代诗,评委问还有没有别的才艺,我便又唱了一首日文歌。没想到,放松的心态让我顺利通过了海选,获得了二次面试的机会。最终,导演组和校领导经过讨论,竟然认可了我的表现,并初步分配给我一个重要的角色——小赵老师。偶然的相遇,我与"小赵老师"初识。

初次阅读剧本,我便被剧中的"小赵老师"吸引。我从"小赵老师"的身上看到一些与我相似的地方。我们都是大学毕业就来到了民族小学任教;我们都心怀热忱,努力在民小这片土地上挥洒青春和汗水。2015 年 4 月,我第一次踏进民族小学的大门,便被这里古色古香的环境深深地吸引。做一名教师是我小时候的梦想,而美术又是我最喜欢的学科,如果能在这样优美的校园里教书,一定会很幸福吧。这时的我,与"小赵老师"如此相似。

但同时,我们也有各自不同的地方。比如,"小赵老师"是一个善于表达、热爱诗歌的语文老师,也是一个热心肠、活泼开朗的班主任;而我是一个内向文静的美术老师,性格属于典型的慢热。这样的吴老师与那样的"小赵老师",区别还是比较大的。在第一场戏中,"小赵老师"面对那么多陌生人,能勇敢地说出自己心里的想法,而这对我来说是很难的。于是,在排练的那段时间里,我进行了大量的台词基本功和肢体动作方面的训练,强迫自己大声说话,主动与不熟悉的人交流。此外,我也努力克服自己的心理障碍。

在很长一段时间里,我都在练习像"小赵老师"那样思考,把自己当成一位语文老师，去阅读普希金的诗集。以前不爱主动和人打交道的我，在那段时间里主动接触了很多班主任老师。我发现他们对待学生充满了关爱，对学生体察入微，从小小的细节便能觉察学生的情绪变化。而我以前往往是下了课就离开教室，缺乏与学生的交流，也就不能深入了解学生的想法。而现在，我开始尝试和学生进行交流，我发现了他们丰盈的内心世界竟然那么有趣，那么生动；我体会到了他们的美术作品里竟然藏着那么多奇妙的故事。

逐渐地，我可以更加自如地面对学生，上课时所说的每句话也像说台词一样，更加生动和富有感情。我感受到了学生们也在发生变化，听讲更加专注，课堂氛围更加积极活跃。我想，这也许就是"小赵老师"带给我的力量和改变：声音充满了魅力，情感丰富饱满，所以更加吸引学生，教学效果也取得明显改善。

用角色带动我在实际工作中的改变，我愈发感受到了"小赵老师"内心的教育情怀，也更加深刻地理解了这个角色。她看到的是这所学校未来发展的希望，看到的是每一个孩子身上的无限潜能。她没有被当时学校萧条的环境吓跑，而是靠着情怀把自己留在这里，愿意见证这所学校的变化。而学校的变化也造就了她的成长。

现在的我，享受着无数"小赵老师"这样的前辈们经过不懈努力取得的成果。学校搭建了良好的平台，拥有优质的资源，我更应该在这里学习提高，也为学校的发展增添一份力量！就这样，随着对"小赵老师"的深入理解，我在剧中的扮演也越来越投入，角色也越来越贴合。说不清是"小赵老师"改变了我，还是我懂得了"小赵老师"，也许都有吧。

在无数次排练的过程中，在一次次对人物的揣摩过程中，我逐渐与"小赵老师"合二为一。我们都深爱着民族小学，深爱着这里的一砖一瓦、一草一木，深爱着这里的每一个孩子、每一位老师。在话剧排练的这不到一年的时间里，我阅读剧本的次数已经数不清，每读一遍，我对学校的了解就加深一步，对学校的情感就浓厚一层。

终于，我们迎来了正式公演。一共六场，每演一场我都会有新的感受。对学校办学理念的理解愈加深刻，对"王主任"的默默坚守愈加钦佩，对"小赵老师"的内心世界愈加认同，从她身上我学到了面对学生、家长、领导、同事的态度和方式。我和更多的孩子交心，和更多的家长保持联络，在领导和同事面前勇敢地表达自己的想法，也和更多的人成为了朋友。

"赵老师好!"直到现在还总能在校园里遇到孩子这样和我打招呼,而教过的孩子竟然也叫我赵老师!我打心底高兴,因为我成为了那个与民小一起成长,见证民小点滴变化,为民小努力奋斗、挥洒青春的"小赵老师"!现在距离当时演出已过多时,但我心中那份美好的教育理想更加坚定。在民族小学,我一定会实现自己的人生价值,找到自己奋斗的方向,这一切正如"小赵老师"一般。前路漫漫,但有"小赵老师"常驻心间,我定勇往直前,风雨无阻!

剧中小赵老师扮演者、北京市海淀区民族小学教师　吴梦璐

2020 年 6 月

在《做最好的我》中发现自我

——教师观后感

经过近两年的紧张筹备，民族小学原创校园剧《做最好的我》终于在 2019 年 5 月 29 日正式上演了。作为社团辅导教师，我全程参与了武术社团的排演。在彩排的时候，看到场上的一幕幕情景，难掩心中的激动。十年磨一剑，我们用了两年的时间来演好这个故事，而我们的马校长用了十多年来演绎这个故事。

当看到剧中年轻的赵蕊老师第一次来学校的片段，我不由得想起自己面试的往事。2015 年，我第一次走进校园，立马被它优美的环境吸引住了，园林式的校园环境、古色古香的建筑、多彩的校园文化，这正是我一直寻找的理想学校。我毫不犹豫地签下合约，正式成为学校的一分子。通过这部校园剧，我了解到学校也曾经破败不堪，濒临撤并。今天这一切，都是在马万成校长接手之后，带领全校师生排除万难，从整顿校园环境到翻修学校，再到培养教师，一步一步打造出来的。马校长改变了学校，也改变了很多学生的命运。

《做最好的我》是一部民小人的奋斗史，也是一个对教育执着追求的故事。剧中小文父母的矛盾冲突也戳中了我一直思考的问题：我们应该给予学生什么样的教育？马校长给了我们明确的答案：比分数更重要的是增长学生的见识，搭建成长的舞台，让学生在丰富多彩的教育活动中获得综合素养的提升。我也是这种教育理念的受益者。记得刚来学校没多久，校长就交给我一个沉甸甸的任务：接手武术社团。作为一名武术专业的体育老师，当接到这个任务的时候我非常兴奋，武术有了新舞台，我的专业也有了用武之地。几年来，在马校长的直接指导下，武术社团从无到有、从小到大，先后有一百多名学生加入，武术社团的孩子们在全市、全区的各类比赛表演中崭露头角，斩获多项荣誉。每次听到家长说，孩子们怎么想进武术社团，怎么在假期苦练，我都感动得忍不住落泪。除了武术，马校长还在学校成立了民乐、跆拳道、足球、健美操、书法等多个社团，为每一个有特长的孩子打开一扇门，让他们在自己最好的方面做最好的自己。在这所学校，孩子们是幸运的，我们专业老师也是幸运的。

做最好的我，在我最好的方面。作为一名专业老师，我需要和我的同仁们一起更加地努力，传递和发扬学校的教育理念，将校长和学校崇高的使命传承下去！

北京市海淀区民族小学教师　耿琳琳

你的模样
——家长观后感

一张体面的邀请函
带着我们来到崇和馆
让我看到你美丽的模样

孩子小小的手拉着我
一路向我介绍你可爱的样子
他的嘴角一直上扬
我看出了他心中的自豪

我的双眼跟着他指的方向不停地看
看着你的各个地方
百看不厌

当校园剧音乐声响起
当大小演员登台表演
我的心跟着他们一起回到那个艰难时代

当时的你像个杂货铺
夏季满地泥泞

冬季污水结冰

哪儿还能听到朗朗书声

新任的校长立志要改变你的模样

一家一户做思想

一笔一画做设计

一砖一瓦垒未来

才有了你现在可爱的模样

闹市寻幽，古殿春色，萝亭荫水，深院海棠，水幕雕楼

为了播下幸福的种子

为了让孩子们全面发展

你的艺术教育规划悄悄酝酿

你的足球队伍渐渐壮大

你的生活从此丰富多彩

舞台上各社团出色演出

都在诉说着你的成长

看在眼里

感动于心

毕业前夕的离别

场面如此生动

孩子回家路上

说他眼睛湿润了

我想这肯定是

你带给他们的这份感动

属于你的歌声多次回荡在整个剧场

"大槐树，年年槐花香，四合院，天天书声朗……"

所有人都沉浸在这歌声里
久久不能平静

孩子，我羡慕你们有这么美丽的校园，有这么可敬可爱的老师！
希望你们"做最好的我，在我最好的方面"，永远记住民小美丽的模样！

二年级（2）班　胡宗宸妈妈

2019 年 5 月

爷爷、爸爸、孩子，三代就读于民族小学，幸运的是孩子赶上了学校发展的好时光。学校的原创校园剧，让我从开始的心酸流泪，到之后的感动，再到最后的震撼和振奋，心情久久不能平复。作为家长真心自豪，祝愿我们的民小越来越好，越来越辉煌。

一年级（6）班　张嘉航妈妈

2019 年 6 月

百年树校，始得其名，饱经沧桑，励志磨心。习总书记游园，十六字真经，家校共建，水起风生。做我之最，尽我之能，童年六载，写实人生。幸哉，我民小少年，哺哺得志！壮哉，我少年民小，似锦前程！

六年级（3）班　张皓轩家长

2019 年 6 月

校园剧弘扬了正能量和社会主义核心价值观，为家长和师生献上了一顿丰盛的思想和文化大餐；校园剧演绎了民族小学不断创新发展和开拓进取的历史，道出了家校共同的心声和愿望。犹如一部精美大片，引人入胜，极具创意；又如一台精美晚会，气势恢宏，感人至深。

五年级（6）班　董丹凝家长

2019 年 6 月

就像剧中的校长说的那样，要办一所让人看得起的学校，要做一位让人看得起的校长和老师。今天，我们可以问心无愧地说：民小做到了！

五年级(1)班　江奇阳妈妈

2019 年 6 月

作为中学老师，我有学生来自民小，他们积极努力，成绩优秀，参加活动阳光自信；他们热爱班级，无私奉献，善于思考，头脑灵活；他们懂得感恩，仁义爱师。民小为他们的成长奠定了坚实的基础，民小的未来也必将由他们书写得枝繁叶茂！

五年级(5)班　安怿晅家长

2019 年 9 月

民小是个有故事的学校。一位执着的小学校长，把自己最好的人生时光，倾注于一个原本大杂院般的学校，从硬件到软件，一步步改变了它。这段故事，经过艺术的加工和升华，感人至深。

五年级(4)班　康子涵妈妈

2019 年 6 月

大海航行靠舵手。观剧过程中，感动于马万成校长对教育的执着与热爱，正是因为有了马校长改变学校原有生存环境的坚持与果决，有了马校长及其团队对教书育人、人才培养的深层次思考与实践，民族小学的孩子们才有了如今良好的读书环境，有了多元化的发展，快乐地成长，努力成为最好的自己。

三年级(7)班　陈奕然妈妈

2019 年 6 月

"有笑有泪有感动，更有思考！"这是许多家长看完民小校园剧《做最好的我》后的想法。民乐、书法、足球……一部校园剧呈现的是民小孩子努力"做最好的我，在我最好的方面"。在民小，孩子收获更多的是自信心与幸福感。剧末，当孩子们唱出"这是人生开始的地方……"，不由得引出一个发人深思的问题：到底我

做最好的我——原创校园剧创演纪实

们想要孩子们度过什么样的童年？我想民小的办学理念"和而不同，快乐成长"是最好的答案！

三年级(5)班　秦子优妈妈

2019 年 6 月

我为民小而自豪
——孩子观后感

我们学校处处都是美丽的风景画：墨香飘逸的四合院，古色古香的文耘亭，书声朗朗的教学楼，而这一切都离不开同学、老师特别是校长的努力奋斗。为了赞美学校美丽的风景，并感谢大家的无私奉献，学校专门用两个学期的时间，排出了一部专属民族小学的校园剧。这部剧的剧情非常好，带领我们回到了学校建设发展的各个时期，让我们身临其境。剧情有时令我发笑，有时让我感动，有时引我思考。

原来，我们现在的教学楼以前是一座布满蜘蛛网和灰尘的旧楼；原来，我们现在的体育馆以前是一座断壁残垣的老庙；原来，我们现在的操场以前是坑坑洼洼的泥地；原来，我们现在的乐团排练厅以前是杂乱不堪的民居。如今，我们的教学楼是充满现代感又不失古风的大楼；如今，我们的体育馆是多样化的运动场馆；如今，我们的操场是高级的橡胶地面运动场；如今，我们的乐团排练厅是布满各种乐器的音乐厅。学校的变化可真大啊！

不光是这样，今天的学校有好多社团、好多选修课，学校办得像一所大学。足球社团多次参加市区级比赛、多次获奖，让我佩服不已；武术社团获得的奖项不计其数，使我后悔当初为何不去竞选武术队；每次看到舞蹈社团在舞台上跳孔雀舞，我都不禁感叹；每次听到民乐团演出，我都有一种庄严感涌上心头；每次看到学校的编程机器人，我都会十分好奇机器人的程序是怎么编的。

学校的校训一直激励着我，"做最好的我，在我最好的方面"，使我每次做完事都在心里问自己，我做到最好了吗？校训让我变得更谦虚，更谨慎，更认真。

演出的最后一幕，一位演员说了一句话"我最喜欢吃学校的饭菜"，这句话我最有感受。学校每天中午不重样的饭，好吃极了！

校园剧让我对学校一切的一切，都体会得更深了。我要谢谢校长、老师以及一直以来陪伴我长大的同学们，给了我如此完美的校园生活。祝我亲爱的学校越办越好！我也要感谢台前幕后的人，把这么好的校园剧呈现给我们，演员和工作人员辛苦啦！

厉害了，我的学校！

四年级(5)班　何乐一

> 看完校史剧之后，我心中有无数感慨，没想到如今绿树成荫、花香四溢的校园，曾经是如此破败不堪、满地垃圾；没想到马校长和老师们为了让我们的明天更美好，竟付出了如此巨大的艰辛；没想到学校竟可以做出如此翻天覆地的变化……
>
> 四年级(3)班 任可欣
> 2019年6月

看完校史剧之后，我心中有无数感慨，没想到如今绿树成荫、花香四溢的校园，曾经是如此破败不堪、满地垃圾；没想到马校长和老师们为了我们的明天更美好，竟付出了如此巨大的艰辛；没想到学校竟可以做出如此翻天覆地的变化……

四年级(3)班　任可欣
2019 年 6 月

> 演出结束后我一眼看见了妈妈，我们一起在四合院里荡秋千，我还给妈妈当了小导游，给她讲解学校的每一个地方。没想到，妈妈竟然是我的校友，她感叹："这学校的变化可真大呀！"
>
> 二(5)班王若卿
> 2019年6月

做最好的我——原创校园剧创演纪实

演出结束后我一眼看见了妈妈，我们一起在四合院里荡秋千，我还给妈妈当了小导游，给她讲解学校的每一个地方。没想到，妈妈竟然是我校友，她感叹："这学校的变化可真大呀！"

二年级(5)班　王若卿

2019 年 6 月

我很自豪成为民族小学的一员，徜徉在花园般的校园，或阅读或抚琴或奔跑，也会常常暗自感伤两年之后的离别会有怎样的不舍，但我更常常不由自主地笑出声来，因为我们一定会给学校增添浓墨重彩的未来！

四年级(5)班　郑之雪

2019 年 6 月

咏 民 小

栉风沐雨历沧桑，桃李满枝育栋梁。砥砺前行志向高，百年老校永辉煌。

四年级(5)班　姜沛池

2019 年 6 月

看完演出之后，我想起了毛泽东爷爷那首《水调歌头·重上井冈山》中的一句名言："世上无难事，只要肯登攀"。意思是，世上一切事情都得去尝试，不要退缩。这句名言成为了我从小树立的远大志向。

二年级(6)班　郭宇轩

2019 年 6 月

作为民小的学生，我感到非常自豪。我们有热心的校长，负责任的老师，充满朝气的同学，还有许多做饭超级好吃的厨师们。我爱我的学校！希望我们的校园环境越来越好，小朋友越来越多！

二年级(9)班　张晴岚

2019 年 6 月

> 我爱我的学校，爱我的老师。我是学校民乐团里最小的一员，我非常自豪。我要用实际行动演绎出最美的乐章，演绎对学校的热爱，演绎对学校的马校长和各位老师的感谢，用热情证明"做最好的我，在我最好的方面"！
>
> 二年级(4)班 吴冠成
>
> 2019年6月

　　我爱我的学校，爱我的老师。我是学校民乐团里最小的一员，我非常自豪。我要用实际行动演绎出最美的乐章，演绎对学校的热爱，演绎对学校的马校长和各位老师的感谢，用热情证明"做最好的我，在我最好的方面"！

二年级（4）班　　吴冠成

2019 年 6 月

> 经历了好几个月的排练，我和我的同学们终于站上了校园剧的舞台。第一场演出的时候，我有点紧张，但是我被现场的观众所感染，也被剧情打动了。我完全沉浸在剧中，就像一个时光少年，追随着学校发展的脚步逐渐成长。通过参加演出，我对母校有了更深刻的了解。现在我越来越爱我的民族小学，胸前的校徽是我最自豪的标志！
>
> 三年级(1)班 张量衡
>
> 2019年6月

　　经历了好几个月的排练，我和我的同学们终于站上了校园剧的舞台。第一场演出的时候，我有点紧张，但是我被现场的观众所感染，也被剧情打动了。我完全沉浸在剧中，就像一个时光少年，追随着学校发展的脚步逐渐成长。通过参加演出，我对学校有了更深刻的了解。现在，我越来越爱我的民族小学，胸前的校徽是我最自豪的标志！

三年级(7)班　张翼衡

2019 年 6 月

> 学校刚成立的时候，只有主课，没有兴趣班。有一次，老师问同学："谁会演奏乐器？"只有一位同学回答道："老师，我姥姥会吹口琴。"老师听了哭笑不得，便下定决心丰富同学们的课余生活。学校成立了乐团，请来了专业的乐器老师授课。经过不断地努力，我们的乐团越来越优秀，一个个奖杯相继被捧回来，我们的学习生活也变得丰富多彩。
>
> 三年级(2)班 韩炜婕
>
> 2019年6月

学校刚成立的时候，只有主课，没有兴趣班。有一次，老师问同学："谁会演奏乐器？"只有一位同学回答道："老师，我姥姥会吹口琴。"老师听了哭笑不得，便下定决心丰富同学们的课余生活。学校成立了乐团，请来了专业的乐器老师授课。经过不断地努力，我们的乐团越来越优秀，一个个奖杯相继被捧回来，我们的学习生活也变得丰富多彩。

三年级(2)班　韩炜婕

2019 年 6 月

至今还记得校园剧最后一场（第六场）谢幕时所有演职人员在舞台上的样子。他们满脸洋溢着的，不仅仅是笑容，更是发自内心的自豪与幸福。当梦想的光照进每一个民小人的心里，这束光便成为老师与学生、学校与家庭共同的荣耀。"向着目标永不停歇，遇到困难锲而不舍"——这台原创校园剧从酝酿到完美呈现，其中的历练、成长与收获，完美地诠释了民族小学的精神文化。

校园剧《做最好的我》是北京市海淀区民族小学在专业人士的指导下历时一年的匠心之作，参演的演员均为在校师生，分别于 2019 年 5 月 29 日、30 日、31 日演出三天。全剧采用浸入式戏剧方式，融入音乐、舞蹈、朗诵、投影、视频等多种表现手段，再现了学校十余年间，在各级领导的关怀和帮助下，在全体师生和家长的共同努力下，化腐朽为神奇的发展历程，以此记录这所百年老校执着追求、锲而不舍的精神。同时寄情此剧，让更多的人感受到海淀教育工作者的理想和情怀，向各界人士汇报民族小学在成长中的感悟与感动。

这本书记录下了这台剧诞生、演出的台前幕后，以及带给学校、社会的感动与震撼。马万成、王晶、窦丽娜、李敏、关越等老师为本书的编撰做出了贡献。这本书的成功付梓，更要感谢为校园剧创作和排演付出巨大贡献和努力的各位导演、编剧、后勤以及参加演出的老师和同学们，感谢为这台剧默默奉献的全体教职员工，以各种方式给予最大的支持和关怀。感谢所有的家长和社会各界的朋友们。

感谢韩炜婕、张翼衡、吴冠成、张晴岚、郭宇轩、姜沛池、郑之雪、王若卿、任可欣、何乐一等同学，以及秦子优妈妈、陈奕然妈妈、康子涵妈妈、安恺暄家长、江奇阳妈妈、董丹凝家长、张皓轩家长、张嘉航妈妈、胡宗宸妈妈、耿琳琳老师、吴梦璐老师、陈坤老师、于昊老师等家长和老师们，记录下这些感人的真切话语。

最要感谢的是我们的学校。在马校长的带领下，蒸蒸日上，带给我们很多成长的感悟。

北京市海淀区民族小学
中国教育科学研究院附属小学

海淀区民族小学原创校园剧
做最好的我
二〇一九年五月

出品人：马万成

序言

　　海淀区民族小学百余年发展历程中，一代又一代教育者呕心沥血，辛勤育人。特别是近十余年间，学校在各级领导关怀和帮助下，在全体师生和家长的共同努力下，励精图治，走出困境，取得了优异的成绩，赢得了社会广泛赞誉。2014年5月30日，习近平总书记走进民族小学，对学校的育人工作也给予了充分肯定。

　　我们在专业人士的帮助下编写演出校园剧《做最好的我》，以此记录这十余年走过的足迹，传承百年学校执着追求、锲而不舍的精神，让更多的人感受到海淀教育者的理想和情怀，向各界人士汇报民族小学在成长中的感悟与感动。

教师演员名单：

丁国强、于昊、陈坤、刘浩正、吴梦璐、胡彬、张亚妹、郑钟跃、杨慧、盛夏、张伟、刘家驹、戴欣、崔艳、武子夜、沈彤、张梦蕾、杨静、赵睿峰、赵小波

演出时间：
第一场：5月29日 14:00—15:30
第二场：5月29日 18:30—20:00
第三场：5月30日 14:00—15:30
第四场：5月30日 18:30—20:00
第五场：5月31日 14:00—15:30
第六场：5月31日 18:30—20:00
地点：海淀区民族小学（马甸校区）融和馆

学生演员名单：

李士畦、朱文钰、李世浦、高安信、李璐珊、文修齐、栁清晗、王依然、郭浩寰、何雨薰及学校社团成员

海淀区民族小学原创校园剧《做最好的我》制作团队名单

民族小学制作团队
出品人：马万成
总监制：王晶 徐威
总统筹：额丽娜
舞台监督：崔艳 安颖
道具：王振军
安全：杨海建
后勤保障：毕紫红 金华
后台执行：关越
社团辅导：赵志敏 汪红
　　　　　卞一贺 杜景芝
　　　　　耿琳琳 邢立刚
　　　　　刘克 李琳
画册：党琦
题：马龙

主创团队
制作人：王祺宇
艺术总监：尹悦
总导演：李小刚
副导演：夏晖
剧本统筹：邹坦 钟海清
剧本整理：郭鹏 刘珊珊
舞美总设计：张祥铭
多媒体设计：张圣杰
编舞导演：俞震曦 史妍
音乐总监：康猛
灯光设计：秦广阔
灯光师：李高建 刘国辉
音响设计：黄印
调音师：胡广友 武鑫鑫
　　　　颐成 梁冠笔

摄影总监：满方明
摄影团队：初坤来 齐英南
　　　　　刘隗 高乐
导播：付萧逸
造型总监：王姝媛
服化团队：李江南 宋玖玲
　　　　　王冰 张瑞
　　　　　赵东东
剧照：王凌云
后期：贾琦 耿泽轩